佐藤 曉［著］

障がいのある子の保育・教育のための
実践障がい学

The
Practical Disability Studies
for Childcare and Education of Children with Disabilities

ミネルヴァ書房

まえがき

　「実践障がい学」なるものが，そろそろあってもいいのではないかと思い立ちました。その試論であり，その一部がこの本です。
　障がいのある子どもの全員就学が実現したのが，1979年です。それから36年，とりわけこの十年は，特別支援教育という用語の導入によって，障がいのある子どもの保育や教育に，多くの人たちが関与してくれるようになりました。裾野は確実に広がっています。
　一方で，この間，私たちの実践を支える「考え方」が，あまり整理されてこなかったのが気がかりでした。たとえば，子どもの実態を把握することが大切だといわれますが，そもそも捉えたい実態とは何なのか，きちんと吟味してきたでしょうか。また，障がいといわれる事象にしても，それをめぐってどのような問いを立てたら，この子たちのことをもっとわかってあげられるのでしょうか。問いを立て損なうと，肝心なことがらが見落とされてしまいます。
　そして実際，大切なことが棚上げされたまま，放置されました。いつまでもそれではまずいと思いました。そこで，「実践障がい学」を構想したのでした。「障害学」と呼ばれる体系はすでにありますが，より実践に近い，臨床技術者が書く「障がい学」です。
　この本は，目次からもお察しのとおり，難解な箇所があちこちにあります。それは，読者の皆さんがふだんあまり考えないような題材を扱っているからです。また，哲学用語がときどき出てきますが，どれもわかりやすく解説していますのでご安心ください。時間をかけて読んでくだされば，必ず理解できる内容です。
　ところで，まえがきといえば，本の中身を紹介するのが一般的なのかもしれませんが，はじめから聞き慣れない言葉を並べられても困るでしょう。できれば，このまま第1章に進んでください。むしろ本文のほうが，かみ砕いた説明

がなされています。

　とはいえ，あらかじめだいたいの内容を把握しておきたいという読者もいるでしょう。各章のはじめと終わりには，短く章のポイントがまとめられていますので，そちらを先にご覧ください。また，まずは全体像をつかんでしまいたいという方は，あとがきを読んでから本文に入ってもらうといいかもしれません。

　本書は，読破しようとすると，思わぬ長旅になることが予想されます。しかし，お連れするところは，とても見晴らしのいい場所です。障がいのあるこの子たちの保育や教育に人生をかけて取り組んでくださる方々であれば，きっと読み進めてもらえると信じてこの本をつくりました。どうか，最後までお付き合いください。

　　※本書の事例は，個人が特定されないよう脚色しています。また，事例に登場する人物の名前は，すべて仮名です。

目　次

まえがき

第Ⅰ部　構想と方法論──実践障がい学の構想と子どもを語る技法

第1章　「対話のためのテクスト」をつくる……3
　1　いとぐちとしてのトランスサイエンス……3
　2　「学」としての「冷静さ」……7
　3　「学」としての「繊細さ」……10

第2章　「困り感」から「視線が向かわない領域」へ……17
　1　「困り感」と「障がい文化」……17
　2　視線が向かわない領域……20
　3　言葉の余白にある，子どものいまここ……25

第3章　現象学による語りの技法……29
　1　語りの技法の基盤（1）　現象学的記述……29
　2　語りの技法の基盤（2）　身体性……36
　3　技法ないしは道筋の妥当性……39

コラム　専門より教養……50

第Ⅱ部　現象学的アプローチ──「現実」を成立させる身体

第4章　自我が育つ手前で………………………………………………57
　1　音の連なりの意識……57
　2　重い障がいのある子どもの世界経験……61

第5章　姿勢活動の育ちと情動の伝染……………………………………67
　1　姿勢活動の育ち……67
　2　情動の伝染……70

コラム　おとなの仕事……75

第6章　身体上の主客関係…………………………………………………77
　1　メルロ＝ポンティの思想……77
　2　身体が分化する……80
　3　外界とつながる……84

第7章　世界が「相貌・表情」を帯びる…………………………………89
　1　「意味」が与えられる……89
　2　「相貌・表情」の現れ……91
　3　他者の介在……95
　4　情緒的交流に向けて……98

第8章　〈今〉を構成する〈私〉…………………………………………103
　1　〈私〉と〈今〉をめぐる問い……103
　2　「もの」と「こと」……107

3　〈私〉の〈今〉が構成される……110

コラム　自立について……117

第Ⅲ部　自己組織化の仕組みから学ぶ——固有の「現実」の生成

第9章　新たな経験の回路を開く……121
　　1　オートポイエーシスの理論構想……121
　　2　自己組織化とオートポイエーシス……126
　　3　半側空間無視の経験……129
　　4　自己の再組織化に向けて……133
　　5　オートポイエーシスの活用……136

第10章　損傷したシステムからの発達……139
　　1　システムの損傷と復興……139
　　2　抑制機構と身体の変形……142
　　3　ランディング・サイトとその喪失……145

コラム　記録について……151

第11章　動作の創発……153
　　1　脳性麻痺のリハビリ……153
　　2　感触と気づき……156
　　3　動作の区切りと記憶……157
　　4　二重作動……161

第12章　認知行為による世界とのかかわり………………………165
　　1　認知行為……165
　　2　行為としての注意……167
　　3　行為としての記憶……172

あとがき
索　引

※本書の第1章～第12章は，季刊誌『発達』（ミネルヴァ書房）の連載「障がいのある子の保育・教育のための教養講座──実践障がい学試論」第1回～第12回（第131号～第142号）に加筆修正したものです。コラムは書き下ろしです。

第1部

構想と方法論
──実践障がい学の構想と子どもを語る技法──

第1章
「対話のためのテクスト」をつくる

　この時代，社会は，障がいがあって苦しい思いをしている人やその家族に対して，ずいぶんやさしくなりました。20年前，学習障がいのある子どもへの配慮を求めて学校を訪ねても，「特別扱いはできないし，そもそもそんな障がいなど聞いたことがない」と断られました。いまとなっては，あり得ない話です。

　とはいえ，いまだ多くの人々は，障がいということがらに対して無関心のままです。無関心という言葉が強すぎるなら，「専門家任せ」といったらいいでしょうか。「専門家任せ」が危険なことは，原発事故がすべてを物語っています。専門家の主張する安全は，安全でなかったのでした。

　障がいにかかわるテーマは，社会全体で考えたいものばかりです。出生前診断の何が問題で，その是非はどうであるのか。発達障がいといわれる幼児に薬を飲ませることの是非を，薬の安全性だけで判断していいのか。特別支援学校による専門的な教育を大義名分に，居住地の学校への就学が事実上制限されている状況をこのままにしておいていいのか。こうした問題は，「科学に問い合わせることはできても，科学だけでは答えが出せない問題」であり，「トランスサイエンス問題」と呼ばれています。どれも，専門家のみならず，一般市民をまじえて議論すべきことがらです。

1　いとぐちとしてのトランスサイエンス

（1）難しい判断

　保育や教育の実践場面では，以下のエピソードのような難しい判断を迫られることがあります。

第Ⅰ部　構想と方法論

　保育園に通うまあ君の育ちが，心配でした。言葉がすこし遅いようなのですが，家族のなかでは「大人の話はよく聞いてわかっているし，お父さんも遅かったから，そのうちしゃべりだすでしょう」ということになっていました。
　1カ月ほどして，3歳児健診がありました。個別面談で告げられたのは，「発達が気になるので，まずは検査をして，心配ならば療育を紹介します」との言葉。寝耳に水でした。帰り道，最近はそういうものなのかと，いったんは受け止めた母でしたが，夫や祖父母に話すと「そんな必要はない」と，ばっさり斬られてしまいました。
　数日後，保健センターから電話が入り，「どうしますか」と返事を求められました。困り果てた母は，いつも相談に乗ってくれる園長先生に話してみました。親身になって聴いてくれた園長先生でしたが，おうちの事情もよく知っているだけに判断は揺らぎました。
　これまでも園長先生は，子どもはもちろん，一人ひとりの保護者とていねいにかかわってきました。自分の経験だけでは考えが偏るといって，勉強会にもよく出かけています。それでもなお，いえ，だからこそ躊躇したのでした。
　結局，園長先生が出したその日の答えは，「家族との関係を悪くしてまで，検査とか療育とか，いまは考えなくてもいいんじゃないかしら。あわてて決めてもいいことはないし，折に触れておうちの人と話してみて，どんなようすかまた聴かせてくださいね。まあ君は，私たちがこれまでどおり保育園で預かるから大丈夫。安心して仕事に行ってらっしゃい」でした。

（2）トランスサイエンス
　このエピソードですが，何が判断を難しくさせているのでしょうか。考えるいとぐちを，「トランスサイエンス」に見つけました。教えてくれたのは，科学技術コミュニケーション論を展開している平川秀幸さんです（平川，2011）。
　平川さんによれば，「科学知識の不確実性が大きく，政治的・経済的利害関係や倫理問題と深く関わっているため，一見すると科学で答えが出せそうでも，実は答えを出せない問題，あるいは出そうとしてはならない問題を扱うのがトランスサイエンス」です。トランスとは超越，科学を超えたところでの問題設定ということであり，1972年にアメリカの核物理学者アルヴィン・ワインバーグが提唱した概念だそうです。

エピソードに登場したまあ君のような子どもは，近ごろ「発達障がい」として括られてしまうことが多いのですが，そういった見立て方が，子どもの保育や教育にどれほどプラスに作用しているのかについては，研究者の間でもいささかの異論があります（青木，2005）。そういうことでは，この問題，判断をくだすには，関連する科学知識の不確実性が否めず，それに加えて倫理的問題も関与しているわけで，まさにトランスサイエンスが扱う領域にあると言えます。

（3）欠如モデルの限界とトランスサイエンス・コミュニケーション

　「発達障がい」という言葉に抵抗感のある保護者がいると，それは知識が不足しているのだからもっと啓発活動をしないといけないと訴える人がいます。私は，こういった単純な発想に，いまひとつ乗りきれません。どこか違う気がするのです。

　平川さんは，「一般市民が科学技術に対して不安や抵抗感を感じるのは，科学の正しい理解が欠けているからであり，正しい理解を広めれば不安はなくなる」という「欠如モデル」の限界を指摘し，トランスサイエンス・コミュニケーションの必要性について次のように述べています。

　そこ（＝トランスサイエンス・コミュニケーション―筆者註）で行われるのは，対象となっている科学技術の専門家からほかの人々へ，という方向で知識や情報を伝えるだけではありません。逆向きに，人々の懸念や疑問，不安，期待，要求を専門家に伝え，両者のあいだの直接ないし間接的な「対話」を促進することも含まれます。しばしば専門家は，リスクに対する市民の反応を感情的で知的に無内容なものと見なしがちです。しかしその反応の背後には，先に指摘した公平性など社会正義に関わるリスク認知や，政府・専門家に対する不満や不信感など，社会的観点から見てとても重要な事柄についての人々の「認識」があります。（平川，2011，pp. 197-198）

　エピソードに戻りましょう。親や家族の不安は「感情的なもの」と見なされ，しばしば取り下げが求められます。知識も経験も豊富な園長先生ですから，保育の専門家としての考えはあったはずです。にもかかわらず，園長先生はそれをいったん保留し，むしろ「感情的なもの」を出発点にして子どもの問題をい

っしょに考えるという,「対話」の道を選んだのでした。

(4)「信頼の危機」を越えて

平川さんの論説をあとすこしお借りします。1990年代にイギリスで起こったBSE問題は記憶にありますでしょうか。クロイツフェルト・ヤコブ病との因果関係をいったんは否定したイギリス政府でしたが,政府が根拠にしていた「BSEが人に感染する可能性は非常に小さい」とする科学の結論じたいが誤っていたため,政治と科学に対する信頼が大きく揺らぎました。「信頼の危機」です。

まさにこの「信頼の危機」にみまわれたのが,2011年の東電原発事故であったわけですが,ひるがえってこの話,科学的な営みとしての保育や教育に携わる私たちにとって,対岸の火事ではすまされません。私たちの実践は,ほんとうに信頼に足るものなのでしょうか。

「信頼の危機」に陥ることは回避しなくてはいけませんが,不確実性を除去するのはほぼ不可能です。それゆえ,実践にかかわる問題の多くが,その解決にトランスサイエンス・コミュニケーションを要請しているともいえます。私たちはむしろ,手元の知識の不確実性を自覚し,かつ引き受けながら,問題解決に向けた生産的な対話ができる材料を整えていったほうがよさそうです。

こんなことを考えながら,「実践障がい学」の立ち上げを思いたちました。科学としての普遍妥当性を追究しつつ,トランスサイエンス・コミュニケーションの場を射程とした,それをもって市民との「対話」を可能にする「学」の構成に着手したいと思います。

このあと,その構想を二つのコンセプトに沿ってお話しします。「冷静さ」と「繊細さ」です。「冷静さ」とは,誠実にエビデンスを追究する態度であり,「対話のための実証的データ」を蓄積する地道な営みです。一方の「繊細さ」とは,実践にかかわる事象の細部に正確な言葉をもたらし,「対話のためのテクスト」を紡ぐ営みです。

2 「学」としての「冷静さ」

（1）無効または賞味期限切れ

　子どもにかかわる私たちの仕事は，専門的なことがらを知らないと，間違ったことをしてしまいます。

　一方，専門的な知識をもっていたとしても，よかれと思ってしていることが，子どものためになっていないという例があります。

　長期的にフォローアップをしてみたら効果が疑わしいとわかってきた指導法もあれば，根拠となる生理学理論が更新されたことで「無効」になった技法もあります。また，時とともに指導観や障がい観は変化します。時代の求めに応じた考え方や指導法が新たに提案されることによって，一部の指導法はすでに「賞味期限」が過ぎています。やっかいなことに，そのような指導法も，オーソリティのあるところで，しかもたくさんのお金と時間をかけて学んだものだったりすると，後生大事にしすぎてなかなか手放せない人がいるのです。専門的な知識や技術の賞味期限は思いのほか短いということを知っておいてください。

（2）エビデンスを蓄積する

　障がいのある子どもの保育や教育の実践は，科学でありたいと思います。職人芸的な，またアートのような側面があることを，私は必ずしも否定しませんが，それでも何らかのかたちで科学としての普遍妥当性を保たなければいけません。

　最近は，エビデンスという言葉がよく使われます。どんな子どもに，どのような手続きで指導をしたら，どういう効果が得られたのかを，実証的に示すのです。データには，だれが実施しても同じ結果が得られるという「再現性」が求められます。

　一見ドライな研究手法ではありますが，これはとても重要です。その理由を，

脳性麻痺を例にあげてお話しします。脳性麻痺とは，生後4週目までの未成熟な脳に生じた損傷によって，運動や姿勢に異常が現れる障がいです。特別支援学校（養護学校）で学ぶ肢体不自由児の半数は脳性麻痺です。

この子たちの肢体不自由をめぐっては，それを改善するためのさまざまな訓練（リハビリテーション）技法が開発され，わが国では1970年代ごろから訓練的な療育が全国各地に広がりました。かつては，子どもが脳性麻痺だと判明すると「この子は歩けるようになりませんから，あきらめてください」と告げられていただけに，親たちは療育にかすかな希望をつないだのでした。ですから，見ていてかわいそうになるほどの厳しい訓練でさえも，子どものためになるのならと，多くの親たちは受け入れてきたのだと思います。

その後，世界中で，治療効果についての実証的検討がなされました。そうした研究成果をまとめた冊子が，日本リハビリテーション医学会の監修で出されています（日本リハビリテーション医学会，2009）。まえがきからの引用です。

これまで脳性麻痺治療は，特にわが国では施設ごとにさまざまな手法が採用され，一定の評価を生み出されるまもなく生まれては消えていった。…（中略）…時代は，エビデンスに基づいた治療がどこまで可能なのか関係医療チームや一般医家にひとめでわかる「ガイドライン」を必要としているのではないかと考えられた。（日本リハビリテーション医学会，2009, p.v）

ガイドラインでは，脳卒中治療の例に倣い，治療法の推奨グレードを5段階で評価しています。

A 行うよう強く勧められる
B 行うよう勧められる
C^1 行うことを考慮しても良いが，十分な科学的根拠がない
C^2 科学的根拠がないので，勧められない
D 行わないよう勧められる

このガイドラインは，「無効」な治療によって子どもを犠牲にしたくないという，脳性麻痺臨床に携わってきた人たちの誠実かつ切実なモチベーションによって書かれています。効果を実証するエビデンスだけでなく，芳しい効果が認められなかったエビデンスも同時に提出したのでした。自らの仕事を冷静に

振り返る姿勢を，見習いたいと思います。

（3）はじめから脳性麻痺ではなかった？

ハイリスクベビーという用語がしきりに使われていた1980年代ごろのことです。厚生省（当時）の定義では，脳性麻痺の症状が発現するのはおおよそ2歳までとされていて（現在でもこの定義は生きています），そのリスクを早期に発見し，リスクの高い子どもはできるだけ早い時期に療育を開始したほうがいいという考えが広まりました。「早期発見，早期療育」の原型です。

ところが，実際にやってみると，いくつもの問題が指摘されることになりました。たとえば，「生後まもなく神経発達学的検査をした結果，リスクが高いと判定されたので，早期療育を実施したところ，発達が正常化した」といった報告は，いったい何を示したことになるのでしょうか。療育の効果でしょうか。拙速に答えるのは危険です。そもそも療育をした場合とそうでない場合を同じ子どもで比較することはできませんから，効果があったかどうかは簡単に判断できません。

また，正常化といっても，その子は，はじめから脳性麻痺ハイリスクでも何でもなかったかもしれない，そんな指摘もありました。治療の適用によってそれが効果を現す疾患を，医学では適応症と呼んでいますが，ハードな療育を余儀なくされた子どもの適応症とは，はたして何だったのでしょうか。ハイリスクというあいまいな概念を提示して手だてを急ぐことの反省が，その後強く求められることになりました。

（4）発達障がいは大丈夫か

同じ問題がいま，発達障がい療育の場で繰り返されているのではないかという懸念があります。

「早期発見，早期療育」が叫ばれ，「療育」という選択肢があまりに安易に差し出されていないでしょうか。現時点ではまだ，療育のエビデンスは十分でありません。とくに発達障がい療育では，効果に及ぼす要因が多岐にわたってい

るぶん，エビデンスを示すのは脳性麻痺治療よりもはるかに難しいと思われます。また，就学後，あるいはすでに学齢前の段階で，かつて取りざたされていた問題が消失している例もあります。親にしてみればそのほうがありがたいのですが，よく考えると，本当は最初から発達障がいの疑いなどなかったかもしれないのです。

　にもかかわらず，テクノクラート（技術官僚）化した一部の支援者が，いたずらに親の不安をあおったり，必要性の疑わしい療育をすすめたりしています。もちろん，このようなことが起こってしまう社会的背景もあるわけで，その人たちだけを責めるのはひかえるべきでしょう。とはいえ，かつての脳性麻痺問題を知る人が少なくなっているいまだからこそ，私たちは「学」としての「冷静さ」を失わないようにしなくてはいけません。

3　「学」としての「繊細さ」

（1）しっくりしない感じ

　「冷静さ」とともに，「学」に求められるのが「繊細さ」です。

　個人的なことになりますが，私が地域の保育園や学校を訪ね歩くようになったのは，大学で助手をしていた1985年ごろからです。講義棟の片隅に作ってもらった相談室で朝から晩まで子どもたちの療育をし，合間を見ては，その子たちの通う保育園や学校に足を運んでいました。

　現場とのおつきあいが長くなると，いろいろなことが見えてきます。何より保育や教育の底力です。率直な感想として，子どもたちがよく育っていました。療育や訓練の技術にはそれなりの自信をもっていた私でしたが，園や学校にはそれとは違った実践の蓄積があることを知りました。

　一方，それだけ豊かな実践が繰り広げられているのとは対照的に，そこで流通している言葉があまりに乏しいという現実がありました。実践を語る言葉はストックフレーズ化し，ときにそれがひどく無神経に使われていました。

　勤めてから10年くらいしたころでしょうか，そんな現場の事情を「しっくり

しない感じ」という題の短い文章にして相談室の年報に載せました。こういうことを人に伝えようとすると，手もちの言葉ではとうてい足らず，お気に入りの哲学本や思想本を傍らに積み上げました。

ふつう，年報の文章などだれの目にもとまらないものですが，たまたまエレベーターに乗り合わせた同僚のA先生が読んでいてくれました。現代思想を専門にしている若い先生でした。「思想も，あんなふうに読むとおもしろいんですね」「はあ，そんなふうに言ってもらってありがとうございます」。一往復だけの会話にもかかわらず，その言葉が妙に嬉しくて，「こういうことを書いていって，いいのかもしれない」と，にわかに力がわいてきたのを覚えています。

（2）経験の細部へ

エレベーターでの出来事以来，改めて哲学のテクストを読み直しました。翻訳書とていねいな解説書が読解を助けてくれました。

「しっくりしない感じ」は，テクストを読むほどに増幅しました。とりわけひっかかったのは，子どもの「理解」，あるいは「実態把握」「アセスメント」といった言葉でした。

たしかに，子どもの「理解」は私たちの仕事の要です。しかし，そのわりには，そもそも「理解」とはどんな営みであるのかが，きちんと問われていないのです。たとえば，<u>子どもの「理解」が，ときに子どもや家族の「支配」に転じる可能性がある</u>ということを考えたことがありますか。臨床哲学を提唱してきた鷲田清一さんは，ケアについて論じるなかで次のように述べています。

> ケアには，他者を「知る」（＝理解する）ことが他者を「領る」（＝支配する）ことへと反転するという落とし穴があるということである。ケアの専門性には，ケアといういとなみの対象をとことん尊重するようにみえて，じつは逆に，その相手から権利を剥奪してしまうという陥穽が，つねに孕まれているということである。（鷲田，2007，p.252）

冒頭のエピソードのように，子どもの問題を知る必要性を専門家の立場から突きつけられた場合，たとえ善意でなされたことであっても，家族としてはそ

れを支配として受け止めてしまうことはよくあります。園長先生は，そんな家族の混乱を直観していたのでしょう。だからこそ，専門性をいったん棚上げしてでも，家族との対話の道を選んだのです。

「アセスメント」についても，すこしだけ触れておきましょう。発達検査などを使ったフォーマルなアセスメントと，日常的な観察を通したインフォーマルなアセスメントといった区別がなされます。これはこれでわかるのですけれど，それだけでアセスメントだといわれると，やはりもの足りなさを感じます。というのも，アセスメントというのは，「子どもを語る」行為だからです。検査も観察も，その語りのなかに位置づけられなければたんなる選別の手段になってしまいます。

こんなことを考えるきっかけを作ってくれたのは，哲人たちのメッセージでした。哲学者である熊野純彦さんによる『レヴィナス入門』からの短い引用です（熊野，1999）。フランスの哲学者レヴィナス（1906～1995）について，熊野さんがまえがきで語っているくだりがとても印象的でした。

私がかたどりたいレヴィナスは，経験の細部へと繊細な視線をとどかせようとするレヴィナスである。だから私は，具体的な経験のひだへと入りこもうとするレヴィナスの論述にこそ，目を向けたいとおもう。（熊野，1999，p. 17）

哲学の言葉は，ふだんの言葉遣いと違っているのでややわかりにくいかもしれません。ここでいう「経験」とは「人の認識や行為全般」くらいの意味だと考えてください。レヴィナスに倣うなら，「子どもを語る」というのは，子どもとのていねいなかかわりをつうじて，その子が生きてきた生活世界の細部にまで繊細な視線を届かせようとする営みということになりましょうか。

（3）「本質」を構成する

日々の保育や教育の実践は，手にとって見せられるような形や実体があるわけではありません。それは，語られてはじめて輪郭が現れてくることがらなのかもしれません。語るということについて，野家啓一さんの『物語の哲学』という本（野家，2005）には，以下のように書かれています。

「カタル（語る）」は，語源的には「カタドル（象る）」に由来すると言われている。それでは何を象るのかと問われれば，「経験」と答えるのが最も適切な応接であろう。（野家，2005，p.80）

語る行為が「経験」を象る(かたど)のです。野家さんは，さらに，語る行為が経験を他者との間で共同化させるといい，次のように述べています。

本人にのみ接近可能な私秘的「体験」は，言葉を通じて語られることによって公共的な「経験」となり，伝承可能あるいは蓄積可能な知識として生成される。「語る」という行為は，人と人との間に張り巡らされた言語的ネットワークを介して「経験」を象り，それを共同化する運動にほかならない。（野家，2005，p.81）

野家さんは，別のところで「経験は物語られることによって初めて経験へと転成を遂げる」（野家，2005，p.83）と要約していますが，転成を遂げた経験とはもちろん，他者に開かれた「経験」です。

<u>語りの言葉が豊かで繊細であるほど，対象を見取る解像度が高まり，実践の機微にせまることができます。</u>ところが，私たちが目にするこまやかな実践のほとんどは，蔓延するストックフレーズにかき消され，継承はおろか，かけがえのない実践としての認知すらされてこなかったように思うのです。

そうはいってもこの作業，どんなに苦労して言葉を紡いでも，読み返してみると，本当に言いたかったことはこういうことではなかったという，ある種の不全感がつねに伴います。書いても書いても語り尽くせない余剰を残してしまうのです。

にもかかわらず，いやそれを承知のうえで，私たちは語りつづけてよいのだと思います。実践という対象からたえず更新の要請を受けつつ，現場で繰り広げられるさまざまなシーンを繊細な言葉にもたらすことで，実践の「本質」なるものが直観できるかもしれないからです。

保育や教育の仕事では，保育観や学習観の違いが，実践のあり方に反映します。それゆえ，「見解の違いだ」と言って，他者との対話の通路をふさいでしまうことがよくあります。「あなたの考え方ではそうするのが正しいのでしょうけれど，私は考え方が違いますから」といった，いわば相対主義的な態度を

とっていたのでは，現場の組織は機能しません。かといって，それを神の視点から調停することもできませんから，そうたやすく「本質」に達するとは思っていません。なかには，本質を求めることなど不可能だという人もいるかもしれません。

　ですが，幸い私の周りには，狭い日本のなかではありますけれど，実践を語り合える仲間がいます。考え方もやっていることも微妙に違っていながら，必要なときは情報交換をして助け合っています。ちなみに私はそれを「ドリームチーム」と命名していて，入退会随時，会費は無料で，名簿もなければ一堂に会することもありません。ドリームチームは，高い志をもってこの仕事に携わる人たちの集合体です。そこには「一般意志」（東，2011）とでもいいましょうか，実践に対する共通した価値観のようなものが生成されていて，そういうなにものかを「本質」として表現できないかと，夢みています。求めたいのは，コチコチで不変の価値をもつといったような本質ではなくて，もうすこしやわらかな，変化しつつそのつど生成されるような「本質」です。

（4）対話のためのテクスト

　ところで，「本質」を追究する目的は，「実践の理論」を構築することではありません。そもそもそんなことはできない相談です。というのも，私たちが言葉にもたらそうとしている実践の機微は，どうみても何らかの理論に基づいて遂行されているとは思えないからです。

　だとすると，いったい何のための「本質」なのでしょうか。それは，実践に携わる人たちに「対話のためのテクスト」を提供するためです。

　「本質」として象ろうとしているのは，それと対話をすることによって日々の実践に意味や承認が与えられるような，しいていえば照会先になるようなテクストです。かつて私は，ルドルフ・シュタイナーのテクストを読んだときに，強く勇気づけられた記憶があります。「自分の思っていたことが，まさにここに書かれていた」と。ぞくぞくっと，鳥肌がたつような感動でした。

　そのような経験はまた，テクストのほうから私たちに呼びかけてくる感覚を

もたらします。「あなたのしていることは，間違っていないよ」といったふうに，語りかけてくれるのです。「実践障がい学」は，そんなテクストを編んでいきます。

（5）普遍妥当性

　「冷静さ」をキーワードとする実証的な研究では，脳性麻痺リハビリテーションのガイドラインのように，再現性のあるエビデンスの蓄積こそが普遍妥当性の根拠になります。地道ながら，とてもだいじな仕事です。

　一方，「学」としての「繊細さ」を指向する研究では，エビデンスを追究する実証的研究とは別のかたちで普遍妥当性を保証しようとします。

　能智正博さんは，『質的心理学研究』の巻頭言で，面白い質的研究論文には読み手の自由な感性を広げる「余白」が存在しているとして，「その余白のなかで，読み手は自分や自分の世界をそこに想像的に結びつけるのである。その余白のことを，質的研究の伝統では「厚い記述」と呼んできたし，そうした想像の働きが引き起こされることを「自然な一般化」と呼ぼうとしたのではなかったか」と述べています（能智，2012）。

　「実践障がい学」は，実践の機微を繊細な言葉で紡ぎ，読み手との対話によって実践の「本質」が現れてくる「対話のためのテクスト」を作成しようとしています。「対話のためのテクスト」は，保育や授業がじょうずな人にもあまり自信のない人にも，体力のある人にもそうでない人にも，いろいろな人に使ってもらいたいと思っています。多くの人にとって使い勝手のよかったテクストが「本質」にせまっているといえるのでしょうし，科学としての普遍妥当性もそこに見いだせるはずです。

　そして，こうしてつくられた「対話のためのテクスト」こそ，一般の市民を巻き込んだ，トランスサイエンス・コミュニケーションを促進させることでしょう。

> **まとめ**
>
> 　障がいにかかわるテーマをめぐって，トランスサイエンス・コミュニケーションを実現させたいと思います。それには，「冷静さ」と「繊細さ」を備えた資料が必要です。
>
> 　「冷静さ」とは，地道な調査研究や実証研究に基づく理性的な判断です。重要なのは，「効果があった」とする判断よりも，むしろ「効果がなかった」とする判断です。その場かぎりの効果は，出しやすいのです。しかし，長い目で見たときにどうかということになると，実は，効果が疑わしい技法が少なくありません。すでにそのことを脳性麻痺研究が示していますが，他の障がいについても，同じことが言えそうです。子どもや家族に不要な負担を強いないよう，冷静な判断を可能にする資料を蓄積したいと思います。
>
> 　一方の「繊細さ」は，子どもの世界経験を，「対話のためのテクスト」として紡ぎ出す営みです。事象を正確に記述する訓練が私たちには課されますが，本書は，それにチャレンジします。

第2章
「困り感」から「視線が向かわない領域」へ

> 「対話のためのテクスト」を書くとなると，方法論的な問題がついてまわります。西村ユミさんは，現象学的研究をめぐる松葉祥一さんとの対談のなかで，方法論は研究対象にあわせて吟味されるべきで，一律な手続化を指向することは適当でないと述べています（西村・松葉，2010）。対象によって研究方法が変わるのは，そのとおりだと思いました。研究方法は，研究対象，つまり何を捉えようとするのかということと不可分だからです。
>
> ここで，たちまち問題が浮上します。「実践障がい学」を支える方法論を検討しようとするならば，そもそもの研究対象が何であるかを示す必要があります。「実践障がい学」が何を捉えようとしているのか，「対話のためのテクスト」として何を描こうとしているかです。
>
> 本章では，それをひとまず「障がい文化」という言葉でくくったうえで，「困り感」として描ける領域と，「困り感」といった視線が向かわない領域とにわけました。

1　「困り感」と「障がい文化」

（1）ろう文化宣言

「障がい」を「文化」と結びつけて語ろうとする論説は，これまでもたびたび目にしてきました。

思い出すのは，だいぶ前になりますが，思想領域の総合誌である『現代思想』の別冊で取り上げられたテーマ，「ろう文化」です（1996年の臨時増刊号，2000年に単行本として出版）。

冒頭には，木村晴美さんと市田泰弘さんによる論文，「ろう文化宣言」が掲載されています（木村・市田，2000）。95年に「現代思想」誌に掲載された論文の再録ですが，サブテーマを「言語的少数者としてのろう者」とした論文の書き出しには，「『ろう者とは，日本手話という，日本語とは異なる言語を話す，言語的少数者である』──これが，私たちの『ろう者』の定義である」とあります。

　宣言の背景には，アメリカにおけるデフ・コミュニティーという考え方があります。手話とろう文化を共有することによって，固有の社会が成立するのだといいます。同論文からの引用です。

　デフ・コミュニティーは，耳が聞こえないことによってではなく，言語（手話）と文化（deafculture：ろう文化）を共有することによって成り立つ社会である。耳の聞こえない人々すべてが手話を知っているわけではない。そこで，耳の聞こえない人一般から，デフ・コミュニティーのメンバーを特に区別することばが必要になった。彼らのとった方法は実に簡潔で雄弁な方法であった。英語では，耳の聞こえない人のことを"deaf"というが，この頭文字を大文字にすることによってデフ・コミュニティーのメンバーを指すことばとしたのである。"Deaf"──自信と誇りを取り戻したろう者が手に入れた新しい自分たちの呼び名は，ろう者とはある種の『民族』なのだと主張していた。（木村・市田，2000，p.9）

　実践を生業とする私としては，差別と排除，そして矯正と同化を強いてきた，というより一部ではかえって現在のほうがより強いている状況下で，障がいのある人が「自信と誇りを取り戻す」ための宣言として，支持したいと思います。

（2）生活様式としての文化

　木村・市田論文をめぐっては，別冊に多くの批評が寄せられています。そのなかで，森壮也さんが，大切な指摘をしています（森，2000）。

　森さんは，米国ニューヨーク州の北，ロチェスターにある「ストロング博物館」が発行するパンフレットの記述を引用し，そもそも「文化」とは何であるかを論じます。

　パンフレットには，「ストロング博物館はごく普通の品々が語りかけてくる

に違いない沢山の物語を私たちの前に繰り広げてくれます。アメリカ人が彼らの家の周りでどう働き，どう遊んできたか，また産業の進歩，都市の発展によって生活がどう変わってきたか，またアメリカ人達が自分たちが作り，買い，使い，保存してきたものを通じてどう自分たち自身を表現してきたかを語りかけてくれるのです。」とあるそうです。それを受けて森さんは，「このごく普通の生活の品々，その目に見える品々，そしてそれのみでなく，それらを通じて私たちが感じとる目に見えない生活の様々，それらがここでは展示されている。そういった全体を括り出す言葉として「文化」というものを指すことにしよう」と述べています。「文化」という言葉は，日本では芸能・芸術分野を指して言われることが多いのですが，アメリカでは，生活様式全体といった意味合いが強いようです。

こう述べたうえで森さんは，「ろう文化」について，さらに踏み込んだ考察をします。「ろう文化」とは何かを探究するときに，しばしば私たちは，ろう者に共通の文化を抽出しようとしますが，それは違うのだと森さんは言います。手がかりは，ろうの人たちの内部ではなく，ろう者と周りの環境との接点，森さんはそれを「周縁」と呼びますが，そういった領域に求める必要があるようです。引用を続けます。

「ろう文化」という言い方も従って，ろう者のごく普通の生活そのものに関連したものでしかない。それらにはもちろん，ろう者だけに限らないものも沢山存在する。したがって，社会的にろう者と呼ばれる人たちの生活の様々な領域が関わってくる。というと，例えばすべてのろう者に共通するものは何かといったようなことからろう文化を抽出しようとする考え方を持つ人たちが出てくるが，それはミスリーディングなやり方であろう。なぜなら，そういった純粋主義（Purism）は行き着くところ空を見いだすからである。むしろ我々が赴いていかなければいけないのは，周縁である。すなわち，ろう者が自己との間に差異を見いだす領域である。文化はここで顕現されたものとなる。当たり前の生活の全体がその「当然性」をはぎ取られ，「異形性」をもって出現する領域。そこをひとつの手がかりとしてろう者の文化を考えていくことにしよう。（森，2000，pp.177-178）

「周縁」領域で顕わになる出来事に着目します。それは，私が保育や教育の

分野で提案してきた「困り感」と接続しています。

（3）「困り感」を手がかりに

　保育・教育実践では，「困り感」という言葉をよく使います。「私たちが子どものことで困っているときに，子どもはその何倍も困っている」というように，素朴に，子どもの側に立って語り出された言葉です（佐藤，2004）。

　さてこの「困り感」，それが生じるのは周囲の環境との間です。森さんの記述を借りるなら，周縁，すなわち障がいのある人が自己との間に差異を見いだす領域であり，当たり前の生活の全体がその「当然性」をはぎ取られ，「異形性」をもって出現する領域だと言えます。子どもは，幼稚園や学校に来なければ，何も困らないかもしれないのです。園や学校のスタンダードが異質なものを排除するほど，「異形性」はきわだってくることでしょう。

　子どもが「困り感」を抱く領域は，私たちが子どもを救う実践の場であるとともに，障がいのある子の文化を探る手がかりを与えてくれる場でもあります。実践に携わる者は，その子が何にどう困っているのかということに気づく感性を高めるとともに，そこに現れている子どもの「障がい文化」を尊重してあげなくてはいけません。

2　視線が向かわない領域

（1）「青い鳥」から

　ここから先は，章のはじめに紹介した，二つめのアイディアについてお話しします。「障がい」や「困り感」といった視線が向かわない領域に，これまであまり語られてこなかった「障がい文化」の広がりを見ようとする試みです。

　話は大きく迂回しますが，哲学者の永井均さんは，保育や教育の仕事に携わる私たちに，ここちよい知的ショックを与えてくれます。著書『転校生とブラックジャック』の終章に，メーテルリンクの「青い鳥」を素材にした論考があります（永井，2001/2010）。短い文章ながら，読み応え十分です。

「青い鳥」のお芝居は，ほとんどの人がご存じでしょうけれど，念のためおさらいです（メーテルリンク，1908/1960）。

時は，クリスマスの前夜。貧しい木こりの小屋に，チルチルとミチルの兄妹が眠っています。お芝居は，二人が見ている夢をたどります。

チルチルとミチルは，妖女に頼まれて青い鳥をさがしに出かけます。「思い出の国」で青い鳥を見つけますが，これはかごに入れるとたちまち黒い鳥に変わってしまいます。子どもたちはなお，「夜の御殿」や「森」を訪ねます。しかし，さがす青い鳥は手に入らないまま，1年が過ぎてしまいます。妖女との約束は果たせませんでしたが，二人は家に帰ることにします。

ここで夢が覚めます。隣のおばあさんが来て，病気の娘がチルチルの飼っている鳥を欲しがっていると告げます。自分たちの鳥を見ると，驚いたことに，青い鳥に変わっています。「なんだ，これがぼくたちさんざんさがし回っていた青い鳥なんだ。ぼくたち随分遠くまで行ったけど，青い鳥ここにいたんだな。」と気づきます。

さて，永井さんは，このあと示す「解釈学」「系譜学」「考古学」というキーワードにそって，「青い鳥」をめぐる論を展開していきます。

（2）解釈学

永井さんによれば，「解釈学的探求は自分の人生を成り立たせているといま信じられているものの探求」です。かごの鳥が青いと気づいたその時点で，チルチルとミチルは，その鳥が「もともと青かった」と信じるようになります。青い鳥は幸福の象徴ですから，二人は，自分たちが幼いころからずっと幸せだったと思うのです。「青い鳥と共に過ごした幼年期の楽しい記憶は，確かな実在性をもつ」のであり，「なぜなら，それが現在の彼らの生を成り立たせているから」なのです。

解釈学は，鳥がもともと青かったという前提で再編された記憶と一体化した，チルチルとミチルのサクセスストーリーを作り出しています。そういうことでは，解釈学の話は，この逆パターンを考えると，意味がより鮮明になるかもし

れません。不都合なことが起こったときに，私たちはしばしば，あのときこうしていなかったからこんな結末になってしまったのだと，サクセスストーリーとは反対の物語を描いていないでしょうか。そんなことばかり考えてもしかたないとわかっていても，つらいときというのは，ネガティブな解釈学的探求から抜け出せなくなっているのです。

（3）系譜学

　次に，「系譜学」です。チルチルとミチルは，鳥が「もともと青かった」と信じていますが，じつはそうでなかったかもしれないのです。系譜学的な視線について，永井さんは以下のように書いています。

　その鳥はほんとうはもともと青くはなかったのかもしれない。そして，もともと青くはなかったというまさにその事実こそが，彼らの人生に，彼ら自身には気づかれない形で，実は最も決定的な影響を与えているのかもしれない。もともと青かったという記憶自体が，そして，そう信じ込んで生きる彼らの生それ自体が，ほんとうは青くなかったというその事実によって作り出されたものなのかもしれない。記憶は，真実を彼らの目から隠すための工作にすぎないかもしれないからだ。これが，過去に対する系譜学的な視線である。系譜学は，現在の生を成り立たせていると現在信じられてはいないが，実はそうである過去を明らかにしようとする。（永井，2010, pp. 224-225）

　素朴に考えると，いま青く見えている鳥は「もともと青かった」か「ある時点で青く変わった」かのどちらかですが，そこに系譜学的視点，すなわち，ある時点で「もともと青かったということになった」という視点が持ち込まれます。<u>系譜学は，「解釈の成り立ちそのものを問うのであり，記憶の内容としては残っていないが，おのれを内容としては残さなかったその記憶を成立させた当のものではあるような，そういう過去を問うのだ。だからそれは，現在の自己を自明の前提として過去を問うのではなく，現在の自己そのものを疑い，その成り立ちを問う」</u>のです。

　いまが幸せだと信じている人も，実は，そう思い込んでいるだけかもしれません。本当は，したいことが別にあったのだけれど，本人も知らない過去のど

こかの時点で，いまあるこの人生こそが，はじめから自分が望んでいたものだったということになった，とはいえないでしょうか。

（4）考古学

「解釈学」も「系譜学」も，過去を，いま存在している視点との関係のなかで問題にしています。それを拒否するのが，「考古学」です。ふたたび，永井さんからの引用です。

> 他人たちがただ私のためにだけ存在しているのではないように，過去もまた，ただ現在のためにだけ存在しているのではない。過去は，本来，われわれがそこから何かを学ぶために存在したのではないはずだ。それは，現在との関係ぬきに，それ自体として，存在したはずではないか？　過去を考えるとき，われわれは記憶とか歴史といった概念に頼らざるをえないが，ほんとうはそういう概念こそが，過去の過去性を殺しているのではないか？　だから，記憶されない過去，歴史とならない過去が，考えられねばならない。このとき，考古学的な視点が必要となるのである。
> （永井，2010, pp. 226-227）

他者を前に，私たちは，自分から見てその人がどういう人であるかを語ります。どんなに客観性を求められても，自分のめがねを外すことはできません。過去についても，同じです。私たちが捉えている過去は，現在から見た過去として語られてしまいます。ほんとうは，自分のめがねがどうであれ，それとは無関係に存在するのが他者であるし，過去も，現在とは無関係に過去としてあったのです。そう考えるのが「考古学的な視点」です。

同じ内容が，青い鳥の話に沿って語り直されます。

> 鳥はある時点でもともと青かったことにされたとはいえ，ほんとうはもともと青くはなかった，などとはいえない。もともとというなら，鳥は青くも青くなくもなかった。そんな観点はもともとなかったのだ。そういうことを問題にする観点そのものがなかった。だがもはや，それがある時点で作られたという意味での過去が問題なのではない。ただそんな観点がなかったことだけが問題なのだ。ほんとうは幸福であったか不幸であったか（あるいはその中間であったか）といった問題視点そのものがなかった，彼らはそんな生を生きてはいなかった。鳥はいたが色が意識されたことは一度もなく，したがって当時は色はなかったというべきなのである。（永

井,2010,p.227)

　チルチルとミチルは,自分たちが幸せであるかどうか,そんな問題を考えることなく生きていたのかもしれません。原作は,そう読めます。にもかかわらず私たちは,いまある手持ちの視線をそこに当て,解釈学的あるいは系譜学的に語り出してしまうのです。しかし考古学的には,そういう視線とは無関係なこの子たちの過去があるはずです。永井さんは,次のように文章を結んでいます。

　他者はただ無関係に存在するものとされることによってのみ救われるように,過去はただ忘却され,現在と決定的に隔てられることによってのみ救済されるのである。だから,考古学的視線とは,視線を向けることができないものに対する,不可能な視線の別名なのである。(永井,2010,p.228)

(5) 考古学と他者
　考古学的視線をめぐる永井さんの文章では,「過去」と「他者」とが対比されていました(AとB)。

　　A　いまの視線　→　過去
　　　過去が,いま存在している視線との関係のなかで問題にされる
　　B　自分の視線　→　他者
　　　他者が,自分に存在している視線との関係のなかで問題にされる

　考古学的に考えると,過去が現在から隔てられることによって過去性が確保されるのと同様に,他者は自分と隔てられることによってのみ,他者でありえます。最近はあまり聞かなくなりましたが,「エジソンやアンデルセンといった人たちも発達障がいだった」といったコピーは,発達障がいという,いまある視線との関係のなかで過去を見る(A)と同時に,そういう視線をもつ自分との関係のなかで他者を見ている(B)のです。「考古学」は,それを拒否します。

　他者理解が重要だといいます。しかし,それはけっきょく自分の枠組みに他

者を取り込んで理解しているにすぎず，ともすれば他者支配に転じます。自分の視線から隔てられてある他者を，はたして私たちはとらえることができるのでしょうか。この問題について，哲学者の野矢茂樹さんは，次のように書いています（野矢，2005）。

　相手の発話やものごとに対する見方を，私の手持ちの論理空間に翻訳する形で理解するのであれば，そこには他者は現れてこない。他者は，私自身が変化することによってのみ，他者でありうる。どれほど小振りであろうと，他者は私の論理空間の外部であり，新たな無限へと私に欲望されるものとして，私の前に現れるのである。(野矢，2005，p.114)

　手持ちの論理空間とは，私たちの仕事に引きつければ，さしずめ，「障がい特性」や「発達」といった概念がつくる空間です。すでにいつからか，私たちは，そういう概念ぬきに子どもを見ることができなくなっています。「発達障がいの特性を知る」などとしきりにいわれますが，つまるところそれは，私たちの論理空間の内部で子どもの行動を翻訳しているにすぎません。また，重い脳性麻痺の子どもは，定常発達の子どもの「発達」とは別の道筋をたどって大きくなります。私たちが信じている「発達」とは異なる時間と空間を生きている可能性が高いのです。

　<u>「障がい特性」や「発達」などの論理空間を所持することはかまいませんが，子どももその家族も，そうした論理空間を生きているとはかぎらないという自覚が必要です。他者を前に私たちがもてるのは，「視線を向けることができないものに対する，不可能な視線」だけなのかもしれません。</u>

3　言葉の余白にある，子どものいまここ

（1）できることの驚き

　先日うかがった保育園で，ちょっといい話を聞きました。障がいのある子どもを十数人あずかっている保育園です。この日は，その子たちの保護者に集まってもらい，懇談会を開きました。園長先生と担当の保育士を交え，家でのよ

第Ⅰ部　構想と方法論

うすや子育てで困っていることなどを語ってもらいました。

　終わりの時間が近づき，まだ発言のなかったほのかちゃんのお母さんにも話を聞いてみることにしました。4歳になって，いまは歩きもだいぶしっかりしてきたほのかちゃんです。ここまで育つのは，たいへんでした。尋ねたいことがある人には，前もってメモに書いてきてもらうようお願いしてありましたが，ほのかちゃんのお母さんからは「特になし」とのこと。おおぜいの前で話すのがあまり得意でないのかもしれません。そうはいっても，何かひとこといただけないかと，誘ってみました。

　この紙（メモ）には「特になし」って書いたんですけど……本当にないんです。
　うちの子は，生まれて一年間，ずっと病院で過ごしました。ようやく家に帰ってからというもの，正直，驚きの連続でした。
　チューブにつながれたままの我が子を見ていると，この子はずっとこうして生きていくのだろうかと，途方に暮れることもありました。それが，びっくり。いろんなことができるようになるんですね。命をつなぐだけで精一杯というところからのスタートだったので，この子が何をしても嬉しい。だから，これができるようになってほしいとか，そのために親が何をしなければいけないとか，私の場合，そんなふうに考えることが，まったくといっていいほどなかったのです。
　いまでも，それは変わりません。この子がいてくれて本当によかった。それだけで奇跡ですから。

　「もう4歳なのだから，これくらいのことはできてほしい」などと，ついつい子どもを追い立ててしまうのが親です。しかし，ほのかちゃんのお母さんは，そういうことをひとつも望んでいませんでした。いまここを生きるこの子に寄り添いながら，「次はいったい何ができるようになるのだろう」と，楽しみでしかたなかったのです。

　懇談会がすんで，ほのかちゃんには，「こんな素敵なお母さんに育ててもらって，あなたはほんとうに幸せだね」と語りかけたのでした。

（2）何ができるのか，本当はわからない
　私たち大人は，すでにさまざまなことができるようになっています。そして，

できるようになったその場所に立って，これから育とうとする子どもを眺めています。そうすると，どうしても，できるようになってほしいことがらを予め決めて，しかも，それらを印字した物差しを子どもにあててしまうのです。

しかし，このような子どもの見方は，ときに，その子がその子のやりかたでいまを生きている姿を見逃してしまいます。とりわけ障がいのある子どもを育てる場合，物差しのあたっていないところでの育ちを，それこそ「考古学的」に見いだしてあげることがとても大切です。私たちが「できない」と判断している子どもにも，必ず何かが起きています。既成の概念では捉えきれなかった経験を，子どもはしているはずです。子どもを語ってきた言葉の余白にこそ，私たちの知らない，この子たちの世界経験があると思うのです。

そういうことでは，目の前にいるこの子に何ができるのか，本当のところ私たちはわかっていないのかもしれません。この先，何ができるようになるのかはなおさらわかりませんし，それを楽しみに待ってあげたほうが，子どもは幸せです。

まとめ

「現在とは無関係に存在するのが，過去」であって，「自分とは無関係に存在するのが，他者」です。

青い鳥の話から私たちが学んだのは，チルチルもミチルも，旅に出る前には，その鳥が青かったかどうかとは無関係に生きていた可能性が高いということです。

このことと他者の存在とが，類比的に語られます。私たちは，他者のことを，自分の枠組みにあてはめて語りがちです。しかも，それで相手を理解したつもりになっています。他者は本来，私とは無関係に存在しているはずなのですが。

現在の視線，そして自分の視線が向かわない領域にあることがらを探るのが，永井さんの言う考古学です。他者に対して安易に自分の視線を向けることを，戒めなくてはいけません。障がいのある子どもを語るときにいちばんまずいのは，「障がい特性」といった視線を向けて，わかった気になることだと思います。

第3章
現象学による語りの技法

　「実践障がい学」では、障がいのある子どもとのかかわりのなかで、「研究者であり実践者である私」（以下、「研究者／実践者」と表記します）の意識に現れに経験を語っていくことから作業を開始します。そこで考えたいのが、語りの技法です。

　この十年、社会学、看護学、心理学などの領域では、グラウンデッドセオリーをはじめとした質的研究法が、急速に普及しています。しかし、「実践障がい学」として「障がい文化」を語ろうとすると、単純にこれらの方法を適用したのでは、思ったように研究が進められない感覚がありました。詳しくはのちほど述べますが、ともあれ、既成の方法論とは違った語りの技法や道筋を考案する必要に迫られることになりました。

　本章では、語る技法の基盤となる二つのことがらを確認しておきたいと思います。一つは「現象学的記述」、もう一つは「身体性」です。

　これらの議論を受け、後半では、実際に記述するときの道筋をいくつか示しながら、それぞれの妥当性について、説明を加えます。

1　語りの技法の基盤（1）　現象学的記述

（1）現象学の手前——世界に投げ込まれた私たち

　数年ほど前になりますが、日本テレビ系列で「泣くな、はらちゃん」（脚本・岡田惠和さん）という番組が放送されていました。かまぼこ工場で働く越前さん（麻生久美子さん）は、日々のうっぷんを、日記代わりの漫画を描くことで晴らしていました。漫画の中には、恨み言ばかり言わされてモヤモヤしているはらちゃん（長瀬智也さん）がいます。

ある日，ひょんな拍子で現実の世界に跳びだしてきたはらちゃんは，越前さんに恋をしてしまいます。はじめは，彼が自分の描いた漫画の中にいる人物であることが信じられなかった越前さんですが，やがて，はらちゃんのことが気になりだします。

　ドラマの中盤では，はらちゃんの仲間も次々と現実の世界にやってきます。不思議な光景に目を見張り，人手の足りないかまぼこ工場の手伝いをしたりするのですが，純粋な彼らは，この世界で傷つけられることも多く，越前さんは漫画ノートを開いて，みんなをもとの世界に帰します。しかし，日を追うごとにはらちゃんが恋しくなってくる越前さんは，とうとう漫画ノートに自分の姿を描いて，紙の中の世界に行ってしまうのです。

　ドラマの中ではらちゃんは，現実の世界に投げ込まれたわけですが，「投げ込まれる」と聞いて思い出すのは，ハイデガー哲学の「被投存在」という言葉です。私たちが，否が応でも，あたかも投げ込まれたかのようにこの世界のなかにあるというほどの意味です。ハイデガーはさらに，単に投げ込まれているだけでなく，何らかの構想（企画）のために投げ込まれているのだとし，それを「投企（企投）」という概念で示します。未来に向けて構想を実現し，使命を果たすことが，私たちに定められたありかただという思想です。漫画のなかの仲間たちは，そんなこの世の営みに巻き込まれるところだったのです。

　実際，私たちは，子宮のなかで世に出る準備をし，出生とともにデビューを果たします。はらちゃんのように大人になった身体で投げ込まれるわけではないですし，越前さんのように自分の意思であちらの世界に行くこともできません（できたらいいと思うときはありますが）。

（2）環境＝内＝存在

　本書では，こうして世界に投げ込まれた子ども，とりわけ障がいのある子どもが，この世界でどんな在り方をしているのかを探っていきます。もちろんその意図は，文字どおりの狭い意味で「構想を実現し，使命を果たす」子どもの姿を追究するのではなく，この子たちが自らの身体を携えて，外部の世界や他

者とどうかかわろうとしているのか，そのかかわりの構造を記述することにあります。

ところで，障がいの重い子どもの場合，環境との関係の構造を，ホメオスタシスのようなもっとも根源的なところで支えている層を考える必要があります。

たとえばそれを，身体論で有名な市川浩さんは，「環境＝内＝存在」といった言葉で表しています。この概念は，ハイデガーのいう「世界＝内＝存在」——世界との関係を了解している私たちの在り方（「投企」と同じ文脈上にある概念です）——との対比で示されています。市川さんによれば，「〈世界＝内＝存在〉としての実存は，世界とのかかわりそのものを了解し，それを問いうるものとみなされる」わけですが，それは，「より低いレヴェルでの〈環境＝内＝存在〉にもとづいてはじめて可能になるのであり，実存もまた，はたらきとしての身体の低いレヴェルでは，あるいは高いレヴェルの構造が解体した場合には，〈環境＝内＝存在〉としてあらわれる。」（市川，1975，p. 57）のです。「実存」という言葉がわかりにくければ，「人間の存在」と読み替えると，とりあえずの意味は通ると思います。

重度の障がいがある子どものなかには，市川さんの言う「環境＝内＝存在」として，かろうじて世界とつながっている子どもがいます。体温調節がままならない子どもでは室温管理が必須ですし，呼吸管理にいたっては，それがそのまま命を支える環境です。

脳性麻痺の子どもですと，重力に対応した姿勢管理が，長期的な予後を視野に入れたときにとても大切な環境整備であることがわかっています（Pountney et al., 2004/2006）。それができていなくて，くしゃみをしたはずみで骨折してしまった子どももいるくらいです。姿勢管理は，この子たちが痛みのない快適な生活を送るために欠かせないケアです。

ところで，「環境＝内＝存在」レヴェルでの世界とのつながり方は，生命や健康の保持に限りません。次に挙げる，まきえさんのような事例は，長くこの仕事に携わってきた人ならば，どなたでも経験しているのではないでしょうか。

小学部5年生，重度の脳性麻痺で，自発運動はほとんど見られないまきえさんで

す。頸がすわらず，ふだんは，仰臥位または側臥位で過ごしています。合併症として視覚障がいがあり，うっすらと光を感じる程度の視力だということでした。

　まきえさんは，朝，登校すると，教室の奥のスペースに横たわり，いつもの音楽を聴くのが日課でした。それはいいのですが，問題は，CDの音が途切れると，ひどくむずかることでした。担任は，「せっかく学校に来ているのに，ずっとCDを聴かせておくのもどうか」と，また「この先，音楽がないと過ごせなくなってしまうのはまずいのではないか」と悩んでいました。

　この子にとって，CDデッキから流れてくる音は，空気のようなものだったのかもしれません。いつもかかっている音楽の振動が身体に適度な筋トーヌスをもたらし，環境とのあいだで平衡状態が保たれていました。ですから，外部から音が聞こえているというよりも，音楽と身体とが癒合関係にあって，それが引き剝がされると，たちまち身体のバランスを崩してしまうのです。これは，ぐずる赤ちゃんが，抱かれて揺すられている間は泣き止んでも，ベッドに置かれたとたん，思い出したように泣き出すのと似ています。

　たしかに，曲が途絶えて不機嫌になるのは，この子なりの表現だといえないこともありません。しかし，こういうときのまきえさんの意識は，指導者に向かっている感じがしませんでした。彼女と音楽とのあいだで回路は閉じていて，私たちが入っていける隙がなかったのです。

（3）現象学へ
　さて，ここからは，「現象学」についてお話しします。
　現象学とは，哲学の一つ，あるいは哲学の方法のひとつだと考えてください。創始者とされるフッサール（1859〜1938）は，ドクサ（思い込み）をいったん棚上げして，自己の意識に現れてきた現象をていねいに観察し，記述する「現象学的記述」を提唱しました。
　日本における代表的研究者の一人として知られる木田元さんは，「「現象学」とは，もともとは与えられた現象の因果的発生を説明する説明学に対して，その現象のいわば内的構造を記述的に解明する記述学といった程度の意味なのだが…（後略）…」（木田，1984，p.110）と述べています。「現象の因果的発生を

説明する説明学」とは，自然科学をはじめとした近代科学のことです。それに対して，「現象のいわば内的構造を記述的に解明する記述学」とは，「現象」，つまり「自己の意識に現れる内容」が，どういった構造として成り立っているのかを詳細に記述する学問をいいます。その記述にあたって，私たちにつきまとうさまざまな思い込みを解除することが求められたのでした。

一方，澤田哲生さんは，『メルロ＝ポンティと病理の現象学』という著書のなかで，「現象学は…（中略）…人間が，外部世界や他者との間で構築する関係の構造を分析する。この構造は，意識の「志向性」と呼ばれる。」（澤田, 2012, p. 12）とし，分析の対象となるのが「関係の構造」あるいは「意識の志向性」であると述べています。

言葉が難しいので，すこし説明します。前段，「人間が，外部世界や他者との間で構築する関係の構造を……」とは，私たちが，周囲のものや他者とかかわりながら，どのようなかかわりの構造を構築しているかということです。後段，「この構造は，意識の「志向性」と呼ばれる」のところ，「関係の構造」と「意識の志向性」とが，どうつながるのかが捉えにくいと思います。外界の対象とかかわるとき，私たちは多くの場合，その対象に意識を向けています。ドアがノックされればそちらに意識を向け，車の運転中に人が前を横切ればそちらに意識を向けます。このように，対象に意識が向くことによって外部世界や他者との関係が構築されることを，「意識の志向性」と呼んでいます。関係の構造の分析とは，さまざまな対象を前に，私たちがどのように意識を向けているのかを探究する営みでもあります。現象学ではこのことを，「意識に現れる経験」を記述すると言います。

澤田さんによれば，病理現象の分析には，現象学が適しているといいます。その理由を，患者自身の「意識に現れる経験」を記述するという現象学的な手法によって，患者が外界や他者とどのような関係の構造を形成しているのかを分析できるからであるとし，次のように述べています。

　現象学は，不可解もしくは無意味に見える患者の体験を，安直に否定することはしない。むしろ，患者が，外部の世界や他者を，現実にどのように知覚し，認識し

ているかを重点的に分析する。こうした学問的な性格により，現象学は病的現象の分析に極めて適した方法なのである。(澤田，2012, p.12)

　これまで私は，「障がいのある子どもの目には世界がどう映っているのだろう」という問いを，実践の場では持ちつづけてほしいと言ってきました（佐藤・小西，2013）。病理と障がいとを安易に同一視することはできないにせよ，現象学的な探究が，この子たちの「障がい文化」を語る基盤になることは間違いありません。

（4）現象学的臨床研究の草分け

　このような立場にたって臨床研究に挑んだ草分け的存在として，わが国では木村敏さんが挙げられます。精神科医であり哲学者でもある木村さんは，精神分裂病（現在の用語では統合失調症）の理解と治療にあたって，正常とされる側の「常識」をいったん棚上げし，患者さんのいる「異常」の側に治療者が赴くことの必要性を説いています（木村，1973）。

　私たちの当面の課題は，常識からの逸脱，常識の欠落としての精神異常の意味を問うことにあるけれども，これはけっして常識の側から異常を眺めてこれを排斥するという方向性をもったものであってはならない。私たちはむしろ，現代社会において大々的におこなわれているそのような排除や差別の根源を問う作業の一環として，常識の立場からひとまず自由になり，常識の側からではなく，むしろ「異常」そのものの側に立ってその構造を明らかにするという作業を遂行しなくてはならない。(木村，1973, p.105)

　「常識」という言葉には，常識があるとかないとか，私たちが日常的に使うのとはやや違った独自の意味合いをもたせているのですが，いまは深く立ち入らないことにします。木村さんは，「常識」の自明性と隔てられた精神分裂病の世界を探索する作法について，次のように書いています。

　私たちは私たち自身の側の常識的日常性の世界の自明性に埋没していてはならない。私たちは，そこでは常識的日常性の世界もまた可能ないくつかのあり方の単なる一つのケースにすぎなくなるような，常識と反常識とをともに包みこむような，より広い論理構造の視点に立つ必要がある。(木村，1973, p.106)

「正常―異常」という対比を超えた、「常識と反常識とをともに包みこむような、より広い論理構造」を想定するなら、私たちが正常と呼んでいる「常識的日常性の世界」は、「可能ないくつかのあり方の単なる一つのケース」にすぎないのです。

（5）本質直観

ところで、現象学の創始者フッサールは、ものごとの本質に迫りたいと考えていました。それには、「本質直観」が必要だといいます。直観と聞くと、客観性、再現性といった言葉になじんでいる人には、非科学的な印象があるかもしれませんが、ここはいったん聞き届けておいてください。

さて、この「本質直観」、「困り感」という言葉の生い立ちとも関係があります。誕生秘話というほどでもないのですけれど、「困り感」という言葉が世に出たときの事情を短くお話しさせてください。

以前、子どものエピソードを綴って本にしていくプロセスで、タイトルをどうしようかという相談になりました。そのとき編集を担当してくれた人が、「困り感」という言葉を使ってはどうかと提案してくれました。著者としては、「困り感」をテーマに本を書いたわけではないのですが、私が記述したいくつものエピソードをていねいに読んでくれた編集者が、そこに「困り感」、つまり「子どもがうまく振る舞えずにいるとき、困っているのは子どものほうなのだ」という本質を「直観」したらしいのです。

現象学についての説明はとりあえずここまでですが、次に進む前に、これまでの話を簡単にまとめておきましょう。

現象学は、世界に投げ込まれた私たちが、外部世界や他者とかかわりをもつときに構築している関係の構造を記述する学問です。そのさい、知らぬまに身につけてしまっている思い込みや常識を棚上げし、私たちの「意識に現れる経験」を詳細に記述します。そうしてなされるのが「現象学的記述」であり、そこから、ものごとの「本質」を直観しようとするのです。

2　語りの技法の基盤（2）　身体性

（1）メルロ＝ポンティの「身体」

　ところで私たちは，すべてのドクサをなくして，一点の曇りもない「理性」でものごとを判断することなどできるのでしょうか。

　それは，実際，ありえません。むしろ私たちは，さまざまな習慣をしみこませた「身体」を携えて世界とかかわっていると考えた方が，無理がないように思います。それを示唆したのが，フッサール現象学を学びつつ，フランスで独自の哲学を展開させたメルロ＝ポンティです。

　主著の一つ『知覚の現象学』（1945）から，メルロ＝ポンティの身体論をもっとも象徴している記述を書き出してみます。ここでいう「身体」とは，肉体という物質的な存在というより，もうすこし幅を広げて，心と体の全体くらいに考えておいてください。

　或る運動が習得されるのは，身体がその運動を了解したとき，つまり，身体がそれを自分の〈世界〉へと合体したときである。そして，自分の身体を動かすとは，その身体をつうじて諸物をめざすこと，何の表象もともなわずにその身体に働きかけてくる諸物の促しにたいして，身体をして応答させることである。（メルロ＝ポンティ，1945/1967，p.233）

　「運動が習得されるのは，身体がその運動を了解したとき」「自分の身体を動かすとは，…（中略）…身体に働きかけてくる諸物の促しにたいして，身体をして応答させること」，すなわち自らの「身体」によって了解／応答が可能な運動だけを，私たちは，自分のものにすることができるというわけです。

　また，メルロ＝ポンティは，外界の対象に向かう運動についても，同様の議論を展開します。対象への動きが成立するためには，その対象が「身体」にとって意味あるものとして存在している必要があるのです。続きを引用します。

　われわれが自分の身体を或る対象にむかって運動させることができるためには，あらかじめその対象が身体にとって存在しているのでなければならない。（メルロ＝ポンティ，1945/1967，p.233）

ところで，対象が「身体」にとって存在するということは，反対に，対象を存在させないような「身体」を想定することができます。メルロ゠ポンティは，失行症患者の事例などを踏まえながら，次のように書いています。

身体は自分の世界というものをもっているということ，対象とか空間とかはわれわれの認識には現前していてもわれわれの身体の方には現前しないこともあり得る。（メルロ゠ポンティ，1945/1967，p.233）

認識とは別の次元で，「身体」に現前する，あるいはしないということがあるというのです。失行症の患者では，空間知覚が冒されていないにもかかわらず，対象が身体に現前していません。ハンマーや櫛などの道具を前に，その認識はできても，身体はそれらとかかわれずにいる，つまり道具をどう使ったらいいかわからないのです。

（2）習慣としての「身体」

哲学者の鷲田清一さんは，メルロ゠ポンティの身体論について，「習慣としての身体として特徴づけることができる」（鷲田，1997，p.107）としています。「習慣としての身体」という考え方は，「障がい文化」を語ろうとしたときに，とても大切な方法論的手がかりを与えてくれます。

『知覚の現象学』では，視覚障がいの人の使う杖を，「身体の付属物」であり「身体的綜合の延長」であるとして，習慣について次のように記しています。

習慣とは，あたらしい道具を自分に附加することによってわれわれの世界内存在を膨張させること，ないしは実存の在り方を変えることの能力の表現である。（メルロ゠ポンティ，1945/1967，p.241）

さらにメルロ゠ポンティは，子どもが青や赤といった色を区別する「習慣」を身につけることと身体図式との関係について以下のように述べています。

色が見られるようになるとは，視覚の或る様式，自己の身体の新しい使用法を獲得することであり，身体図式を豊かにし再組織することである。（メルロ゠ポンティ，1945/1967，p.255）

色を見分けることは，身体の新しい使用法を獲得させ，身体図式を豊かにするのです。「習慣」によって身体が再構成されていくというわけです。

そういうことでは、私たちの「学び」というのは、「身体」の再構成によって、世界の見え方を変えていく営みだと言えるかもしれません。何かを知ったり学んだりすると、新たな身体ができあがってきて、それまでとは違ったものの見方や感じ方ができるようになるものです。学んだことが身につくとか、聞いた話が腑に落ちるとか、私たちは、外から受け取ったことがらを「理性」で受け取るというより「身体」で受け取り、身体の再構成を行っています。

（3）研究者／実践者の「身体」

「身体」のことを取り上げたのは、障がいのある子どもの文化を捉えようとする私たちの「身体」のありようが、現前する子どもの姿をまったく変えてしまう可能性があるからです。それを「主観的」だと批判することはたやすいですが、「実践障がい学」構築に向けて、私はそこをむしろ逆手にとって、「実践」をする「身体」をもった研究者にこそ現れてくる事象というものを大切にしたいと思っています。

説明を加えましょう。小学校の研究授業で子どものようすを語るとしてみてください。参観している私（筆者）、教育学部の学生さん、そして現場の教師が描いたエピソードは、どれもみな異なるはずです。書き慣れているかとか、何のために書くかとか、書き手の立場とか、そういうことによる違いはあるでしょう。

しかし、決定的な違いはもっと別のところにあります。それまでどんな場でどれほど授業をしてきたか、どれほどの指導の手だてをもちあわせているか。授業の大切さや子どもの将来に対する責任をどれだけ身にしみて感じているか。そういった、子どもを見る側の「身体」が、人それぞれに違っています。

「身体性」とは、単に子どもを見る視点とか、観察の観点とかいうものではありません。それは、先ほどの言葉で言えば「理性」でものを見るということの延長なのであって、「身体」でものを見るというのは、「理性」をも含んだ、ある体積をもったこの「身体」で子どもを見ることなのです。体積という表現をしたのは、「習慣」を堆積した、ほかならぬこの私の「身体」が子どもの見

取りをしているということを強調したかったからです。

　ちなみにこのことは,「経験した人にしかわからない」といった乱暴な物言いではありません。そういったいわば独我論的な世界に閉じこもるのではなく,反対に,他者との共同性を視野に入れています。実践者としての「身体」を鍛え,やがてそこに他の実践者のそれと重なり合う部分が見いだせるようになったとき,はじめてこの仕事の共同化が図れるのだと思います。私自身,ここのところ保育園で「リトミック」の指導をしています。やってみて,子どもの見え方がだいぶ変わってきました。保育園で再構成された実践の「身体」が,あきらかに私の物の見え方を変えているのです。現場で保育に携わる実践者との「身体」の共同化が,またすこし深まった気がしています。

3　技法ないしは道筋の妥当性

(1)「世界経験」をめぐる記述

　ここまで,「経験」を物語る基盤となる,「現象学的記述」と「身体性」について解説してきました。本章後半では,「障がい文化」を記述する技法,ないしはその道筋にかんして,方法論としての妥当性を示します。

　その前に,現象学が記述しようとしている事象とはどのようなことがらなのか,あとすこし補わせてください。

　私たちは,科学の言葉で描かれたことがらこそが,この世界のありようだと信じるようになっています。科学の発展とともに,これまで知られていなかったことがらが次々と解明され,やがて世界の隅々まで科学の言葉で語ることができるのではないかとさえ思えてしまうのです。

　ここで,そのような信念をいったん保留して,「そもそも,科学の言葉が意味をなすとはどういうことなのだろうか」という問いを立ててみます。

　端的に答えます。意味をなす,つまり,科学的に語られたことがらがなるほどと腑に落ちるのは,その内容が私たちの経験と大きく矛盾していないからです。私たちは,科学的な記述を受け取る以前に,自らが経験している「この世

界」を生きてしまっており，科学といえども，すでに生きられている「この世界」があってこそ成立しているのです。

　ならば，「この世界」とは何か。

　フッサールやメルロ＝ポンティの関心事は，そこにありました。科学が人々に理解されるいわば基盤となる，「この世界」における経験を緻密に「記述」していく。それが，現象学のテーマでした。メルロ＝ポンティの著作『知覚の現象学』の序文にある，「純粋記述」にかかわるくだりです。

　記述することが問題であって，説明したり分析したりすることは問題ではない。フッサールが創成期の現象学にあたえた〈記述心理学〉であれとか，〈事物そのものへ〉帰れとかいうあの最初の指令は，まず何よりも科学の否認であった。…（中略）…私が世界について知っている一切のことは，たとえそれが科学によって知られたものであっても，まず私の視界から，つまり世界経験から出発して私はそれを知るのであって，この世界経験がなければ，科学の使う諸記号もすっかり意味を喪くしてしまうであろう。科学の全領域は生きられた世界のうえに構成されているものであるから，もしもわれわれが科学自体を厳密に考えて，その意味と有効範囲とを正確に評価しようと思うならば，われわれはまず何よりもこの世界経験を呼び覚まさねばならないのであって，科学とはこの世界経験の二次的な表現でしかないのである。科学は知覚された世界と同一の存在意義をもってはいないし，また今後もけっしてもつことはないであろう。その理由は簡単であって，科学は知覚された世界についての一つの規定または説明でしかないからだ。（メルロ＝ポンティ，1945/1967，pp. 3-4）

　引用では，フッサールによる科学の「否認」とありますが，メルロ＝ポンティは，科学そのものを否定しているわけではなく，「科学とはこの世界経験の二次的な表現」「科学は知覚された世界についての一つの規定または説明」であるとしています。そのうえで，「世界経験」に還ることを強調します。「世界経験」とは，先ほど述べた，それぞれの人が生きる「この世界」における経験です。

　これを読んで思い浮かべるのは，たとえば，自閉症の診断基準や解説本を読んだ親たちが，「うちの子どもには，あてはまるような，あてはまらないような。結局，よくわからない。」と訴えてくる事実です。自閉症についての科学

的な説明は，当然ですが，じっさいに目の前にいる子どもの説明ではありません。解説書に書かれている内容で腑に落ちることがあるとすれば，わが子を育てながら親が味わってきたさまざまな「世界経験」があって，そこに二次的な表現としての科学的説明がマッチしたということなのだと思います。

「実践障がい学」では，自閉症の科学的説明とか，特性の説明とか，そういったものはいったん括弧に入れ，それぞれの「身体」をもった子どもの「世界経験」を描いていきます。

（2）質的研究と記述

本章の扉でもすこし触れた質的研究は，実証科学にはできなかった「世界経験」へのアプローチでもあります。

ところが最近，質的研究の方法論が一人歩きするほどに，本来私たちが記述しようとしていたことがらから遠のいていく気がしてしかたありません。たとえば，グラウンデッドセオリー。あの方法に沿って研究に取り組んだことのある人は，うすうす感じているかもしれませんが，エピソードをコード化して概念をつくる作業を進めるうちに，いきいきとしていたはずの実践の息づかいが消え入ってしまう。論文としての形は整うのだけれど，なにか不全感を残してしまうのです。少し前までは，言語には限界があるのだからやむをえないと思っていたのですが，どうもそれだけではなくて，あの手法そのものに無理があるからではないかと考えるようになりました。

そのことを西村ユミさんは，松葉祥一さんとの対談（2010）で以下のように話しています。引用の冒頭「この方法」とは，グラウンデッドセオリーのことです。

　この方法は，データに忠実にある具体的な理論を構築していくための方法ですので，得られた具体的な情報を抽象化，一般化して概念を作成し，そこに関連性を見いだしていきます。私もこれを試みて看護師さん方に見てもらったのですが，「う～ん，なんか違うわね」と言われたんですね。（西村・松葉，2010，p.62）

「なんか違う」理由について，西村さんはつづけます。

グラウンデッド・セオリー・アプローチは，理論志向なので，データを読む際には文脈を大切にしますが，やはり理論は一般化を志向しますので，いったん文脈を断ち切って類似する意味内容ごとに整理するという作業を介在させます。文脈のほうに意味がある事象を探求する場合は，この方法では接近できません。（西村・松葉, 2010, p.63）

　理論化を優先することで，「実践」の「文脈を断ち切る」という事態が起こっているのです。子どものことを語るにしても家族のことを語るにしても，そして実践について語るにしても，語られる対象は，それぞれに意味ある文脈をもっています。それをていねいにたどることが，「世界経験」を物語ることになります。
　ところが，それをいったん研究者の側の意味の枠組みで区切ってしまうことで，つまり概念でくくってしまうことで，もとの文脈が見えなくなってしまうことがあるのです。語られている対象の方からすると，できあがった記述への違和感があるのだと思います。説明や分析，やや強めの言い方をすれば，安易な理論志向は，「世界経験」を破壊してしまいます。

（3）記述の技法・道筋とその妥当性の説明

　記述そのものを重視するとして，ではどのように書いたらいいのかということがたちまち問題になります。現象学と身体性を基盤にしていると聞かされただけでは書きようがないと思うので，あとすこし具体的な記述の技法と道筋，そしてその妥当性について説明を加えます。
　研究者／実践者が，障がいのある子どもの文化にかかわるエピソードを書こうとした場合，次のようなパターンが想定されます（図3-1，①〜④）。
　①自らが子どもを指導する場面で記述する
　書こうとしているのは，研究者／実践者が子どもの指導に直接かかわったときの「子どもの意識に現れる経験」です。ここでいう子どもとは，もちろん「身体」をもった子どもです。
　この際，問題になることがひとつあります。「（他者である）子どもの意識に

第 3 章　現象学による語りの技法

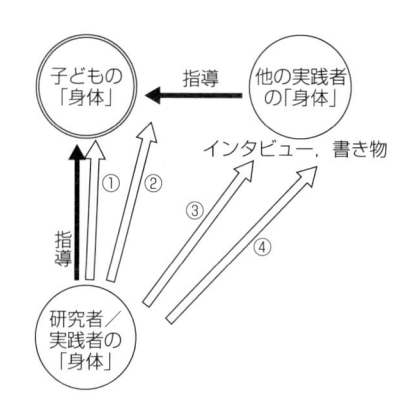

図 3-1　エピソードを書く際の 4 つのパターン

現れる経験」を記述するというのは，フッサール現象学でいう「私の意識に現れる経験」の記述とは違うのではないか，そんな問題です。もちろん，これには説明がいります。素朴に考えて，「私」を「他者」である子どもにスライドさせる，つまり日常的によくいう「子どもの身になって」記述するという説明もありえますが，それでは不十分でしょう。「私」と「他者」である子どもは，そもそも異なる経験主体ですから。

　現象学的な妥当性をもたせるためには，次のような説明が可能だと思います。研究者／実践者が提供する「指導」という子どもへの働きかけによって生成される「子どもと共同で創造する経験」が，「子どもの意識に現れる経験」と「私の意識に現れる経験」との結び目になっているという説明です。その結び目で現出する経験を記述していくことで，子どもの世界経験にアプローチします。なお，この点については③とも関連がありますので，対応させてみてください。

　②他の実践者が子どもを指導する場面で記述する

　他の実践者の指導場面，保育とか授業とかを見て，子どものようすを記述するというパターンです。この場合，研究者／実践者は，他の実践者の「指導」する「身体」に，みずからの「指導」する「身体」を重ね合わせながら，自分では直接手を出さないけれど，他の実践者が指導をするときに現れてくる子ど

もの世界経験を記述するということになります。

　ここでも，①で指摘された「私（他の実践者）の意識に現れる経験」と「子どもの意識に現れる経験」とが異なるという問題があるわけですが，それには先ほどと同様，他の実践者が「子どもと共同で創造する経験」が両者の「結び目」になっているという説明を適用します。

　③他の実践者にインタビューをする

　他の実践者へのインタビューによるものです。この場合も，「子ども」と「他の実践者」との間で，①と同様の問題が起こっています。これについては①の説明を採用するとして，さらにもう一つ，同型ではありますが，「他者（他の実践者）の意識に現れた子どもの経験」を，どうやって「私（研究者／実践者）の意識に現れた経験」とするかという問題が生じます。

　これについて西村さんは，看護師へのインタビューにあたり，そこに「対話」という意味をもたせることによって現象学的な妥当性を説明しようとします。

　インタビューに「対話」という意味を持たせたことです。この言葉は，メルロ＝ポンティから引用しました。例えば，私が聴き取った看護経験の語りは，確かに一人の看護師が発した言葉ですが，それを問う私との関係を通して，その場で生み出されてきたものです。私の関心と問いかけが，看護師さんにそのように語らせたと考えたのです。他方で，私の問いかけは，確かに私自身の関心から始まっていたかもしれませんが，看護師さんの実践や語りに促されたものでもあります。そのため，語られた内容よりも，この場でどのように語り出されたのかということのほうが問題になってくる。この点は患者さんの場合も同じです。このように，語りはその場で，問う者との関係の中から生み出されてきたものであるため，聞き手の専門性や関心によっても語り方が変わってくる可能性があると考えています。そうであれば，語りは個々人の主観的な経験ではなく，すでに，他者とともに生み出された，他者にも開かれた経験になります。（西村・松葉，2010，p.67）

　ロジックとしては，①で，子どもとのあいだに「指導」という，「共同で創造する経験」を差し挟んだのと同じです。

　④他の実践者による書き物を読んで語り直す

最後は、他の実践者によって記述された書き物の語り直しです。「実践障がい学」では、書き物も大切な資料として取り上げます。
　③と違って他の実践者との「対話」が使えないので、書き物に記された事象に「指導」する「身体」を重ね合わせながら、研究者／実践者の意識に現れた経験を「語り直す」ことになります。
　再び、『知覚の現象学』序文からの引用です。「共同で創造する経験」、「結び目」といった内容を、メルロ＝ポンティは「交叉点」という言葉で表しています。

　現象学的世界とは、何か純粋存在といったようなものではなくて、私の諸経験の交叉点で、また私の経験と他者の経験との交叉点で、それら諸経験のからみ合いによってあらわれてくる意味なのである。したがって、それは主観性ならびに相互主観性ときり離すことのできないものであって、この主観性と相互主観性とは、私の過去の経験を私の現在の経験のなかで捉え直し、また他者の経験を私の経験のなかで捉え直すことによって、その統一をつくるものである。（メルロ＝ポンティ，1945/1967, p.23）

　「主観性」とは、「経験主体」と読み替えてもらってかまいません。「相互主観性」とは、複数の「経験主体」相互の関係、つまり私という「経験主体」と他者という「経験主体」との関係といった意味合いです。日常語としての使い方とは異なる哲学特有の言い回しが、わかりにくいかと思います。「実践障がい学」で捉えようとしているのは、研究者／実践者としての私の諸経験の交叉点、そして他の実践者（他者）の経験との交叉点で現れてくる、障がいのある子どもの世界経験です。

（4）実践者と子どもとが共同で創造する経験

　前項までで強調されたのは、実践障がい学では、「指導」する「身体」をもつ「研究者／実践者」が子どもの世界経験を記述することにとりわけ意義をもたせていること、そして「子どもの意識に現れる経験」を現象学的に記述するには、「実践者と子どもとが共同で創造する経験」が生成される「指導」場面が取り上げられなくてはならないことでした。

話の流れを，もう一度，簡潔に整理しておきます。

①「障がい文化」を描き出すための方法論を支える考え方として，「現象学的記述」と「身体性」の二つを挙げました。

②フッサール現象学では，「私の意識に現れる経験」を記述していきます。

③一方，「障がい文化」を描くときは，「子どもの意識に現れる経験」を記述する必要があります。

④ここで問題にされたのが，「私の意識に現れる経験」を記述するというフッサール現象学に拠り所を求めながら，いかにして「子どもの意識に現れる経験」にアプローチするのかということでした。

⑤この問題を解消するために提案されたのが，「指導」という営みでした。「指導」場面では，「研究者／実践者（＝「指導」する「身体」をもつ研究者）と子どもとが共同で創造する経験」が生成されます。そこは，「子どもの意識に現れる経験」と「私（研究者／実践者）の意識に現れる経験」との結び目になっていて，その結び目で現出する経験を現象学的な記述にもたらしていくことで，子どもの世界経験にアプローチしようというものでした。

抽象的な話が続いたので，このあと，実際の保育場面や教育場面に照らしながら説明を補足します。ポイントは，さきほど⑤の最後で述べた，「研究者／実践者と子どもとが共同で創造する経験」が生成される「指導」の場でこそ子どもの世界経験にアプローチできるのだという構想が，具体的にどのようなことを指しているかです。

はじめに，「指導」の場というものをどのように考えているのか，ざっとお話しさせてください。「指導」は，図3-2のように，子どもと指導者との間に「学習課題」をはさんでなされる営みとして示すことができます。指導者は，子どもの力に合わせた学習課題を設定します（①）。子どもはそれを学習（解決）する（②）ことになりますが，うまくできないときには，指導者が援助します（③）。これは，すべての教育指導に通じる，原理的な構造だと思います。

このなかで，とくに注目したいのが，①の「子どもの力に合わせた学習課題」を設定する手続きです。

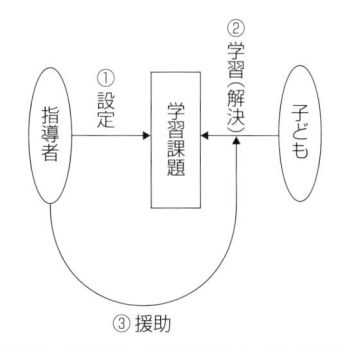

図 3-2 「指導」の場で行われていること

　障がいのある子どもの「指導」をする場合，発達検査などのツールを利用しただけでは，「子どもの力に合わせた学習課題」は見つかりません。この子たちの発達過程や学習過程は，しばしば定型発達の子どものそれと異なるからです。そこで必要とされるのが，一人ひとりの子どもの評価です。
　一般的に評価とは，「子どもが，どこまでわかって（できて）いて，どこから先がわかって（できて）いないのかを判別する作業」ですが，熟練した指導者は，子どもがちょっと背伸びをしたらわかりそうな学習課題を試行的に提示し，その子がどのように課題に向かおうとするのかをリアルタイムでモニターしています。子どもの反応が，想定していた「子どもの意識に現れる経験」を反映したものでなかったときは，即座に援助の方法を変更したり，別の課題に置き換えたりします。ときには，思いもよらぬ子どもの「やりくり」に，「こうきたか?!」と，まさに目から鱗，それまで見えていなかった子どもの世界経験が指導者に現れてくることもあります。
　こうして指導者は，子どもの課題解決に道筋をつけながら，「子どもの意識に現れる経験」をみずからの「指導」に取り込んでいきます。

（5）共働的な行為が先にある
　このような「指導」風景を浮かべて，「指導」という場が，「子どもの意識に現れる経験」と「私（研究者／実践者）の意識に現れる経験」との結び目にな

っていると言ったのでした。このあたりも、すこし深めておきましょう。

　ふだん私たちは、すでにそれぞれが独立して存在する「指導者という経験主体」と「子どもという経験主体」とが、ともに一つの指導場面に臨み、共働的な行為を営んでいると思っています。

　しかしよく考えると、そもそも指導者と子どもという区分じたい、「指導」という営みがあってこそ成立するものですし、それぞれの経験も、相手がいなければ生じないわけでして、先にあるのはむしろ、「子どもと共同で創造する経験」が生成される「指導」場面ではないかと思うのです。順序が、逆ではないかと。熟練した指導者は、初対面の子どもを前にしたときでさえ、すでにたちまち「子どもと共同で創造する経験」をつくりだしています。

　このことを、現象学者ヴァルデンフェルス（2000/2004）は、次のように述べています。

　共働が意味しているのは、行為は、間の領域においてまず最初に生じているのであり、この領域において私は、どれが私に責任があり、どれが他者に責任がある行為なのかが、一義的に決められないということなのです。重要なことは、間は自らを差異化しているのであって、決して個々の働きから合成されないということなのです。（ヴァルデンフェルス，2000/2004，p.314）

　「指導」場面と対応させて読み直してみます。私（研究者／実践者）と他者（子ども）の共働的行為は、「間の領域（指導場面）においてまず最初に生じている」のです。この領域において、「どれが私（研究者／実践者）に責任があり、どれが他者（子ども）に責任がある行為なのか」、つまり指導が成立しているときに、指導者と子どものどちらがその場を主導しているかは、「一義的に決められない」のです。「間は自らを差異化しているのであって、決して個々の働きから合成されない」とは、間の領域（指導場面）が先にあって、そこで指導者と子どもそれぞれの働きの違いが形成されるのであって、指導者と子どもそれぞれの働きが合成された結果として指導場面が成立するのではないということです。

　「指導」というのは、とりあえずその場を設定するのは私たち指導者だとし

ても，ひとたびその行為が開始されると，子どもと指導者のどちらが主導で動いているのかが特定できなくなります。また，両者のあいだの領域で現れた経験を，子どもの経験として，あるいは指導者の経験として，純粋に隔てることはできません。子どもは指導者のかかわり方ひとつで振る舞い方を変えますし，指導者は，子どもの反応によって，かかわり方，というよりみずからの身体をさえ無意識に変化させています。

「子どもの意識に現れる経験」と「私の意識に現れる経験」との結び目というときに，それは，子どもの経験と指導者の経験がそれぞれ先にあって，あとからそれらが結びつくということではなく，結び目ははじめからあって，その一部をほどいてみることで，研究者／実践者としての私は，「子どもの意識に現れる経験」を現象学的に切り出すことができるということなのです。それは，外部から子どもを眺めて，その子の内面を推測するのとは，まったく異なります。

まとめ

　現象学は，「私の意識に現れる経験」を詳細に記述します。一方，私たちは，「子どもの意識に現れる経験」を記述したいと思っています。そのさい，「私（研究者／実践者）の意識に現れる「子どもの意識に現れる経験」」を書いたのでは，私（研究者／実践者）の枠組みのなかでしか子どもを語っていないことになります。さて，どうしたものか。

　私たちは，「子ども」と「指導者」という二者を別々に前提して，両者の相互作用，信頼関係などと言っています。そのような観念から離れられないと，さきほどの問題は解決しません。

　そこで，こう考えました。はじめにあるのは，子どもと指導者とが共同でつくりだす「指導」場面だと。「指導」がうまく運んでいるときというのは，子どもと指導者との区別のつかない一つの営みが，あたかも一つの意識としてあるかのように成立しています。それを事後的に，「子どもの意識に現れる経験」と「私（研究者／実践者）の意識に現れる経験」とに分離し，記述するのです。

コラム　専門より教養

（1）見晴らしのいい場所に立つ

　大学の教職課程で，私は肢体不自由教育の授業を担当しています。4月から始まる授業の冒頭，「専門より教養」と板書し，次のような話をします。

　障がいのある子どもの育ちを支えようと，こうしてたくさんの学生さんが集まってくれることを，とても喜ばしく思います。

　ところで，ひとつお願いです。この授業に，特別支援教育の専門性を，あまり求めないでください。私たちの仕事に必要なのは，専門性より教養です。世界でなされる人々の営みのなかで，「学問」と呼ばれる活動は，きわめて限定的な領域内にあります。しかも，その小さな領域で，教育学が占めるのはごくわずかです。そして特別支援教育といえば，虫眼鏡でようやく見えるくらいの大きさなのです。世界はもっと広い。特別支援教育という狭い空間に閉じこもっていてはいけません。

　この十年くらい私は，協同学習（学びの共同体）の考え方を学びつつ，一般の小中学校の授業づくりや学校づくりにかかわるようになりました。新鮮さを感じるとともに，特別支援教育が，それまでと違って見えるようになりました。たとえば，かつて「障害児教育（特殊教育）こそが，教育の原点である」と言う人がいましたが，必ずしもそうではないかなと思いました。「原点」と言えそうなことは，ほかにもたくさんあるのです。

　若いころ読んでいた哲学・思想の本も，再読しました。そうすると，子どもの見え方が変わるのです。見え方が変わると，子どもにしてあげたいことも変わります。特別支援教育が推奨している支援の一部は，障がいのある子どもの立場をかえって悪くしているのではないかと心配になることもありました。

　教養を身につけるとは，より見晴らしのいい場所に立つことだといいます。専門の内部ではあたりまえに思われていることがらも，離れた場所から眺めると，その自明性が疑われる例がいくらでもあります。

（2）勉強と学びの違い

　関連して，「勉強」と「学び」の違いについてお話しします。

　「勉強」とは，与えられた問いの内部で答えを出すことです。身を削って問題を解き，正解を導くのが勉強です。一方，「学び」は，当面の問いに答えるだけでなく，あらたな「問い」を立てて，他者との対話を通して考えようとする営みです。といっても，新奇な問いを無理やり探すわけではありません。すでに問われつづけ

てきたことがらでもいいのです。それを自分たちの問いとして共有し，ともに考えることで学びは成立します。

　そういえば，専門の「勉強」とはいいますが，専門の「学び」とはあまりいいませんね。もちろん勉強が必要なことはあります。しかし，勉強によって習得された専門性は閉鎖的になりやすく，しばしば周囲とのあいだに壁をつくってしまいます。この時代，「反知性主義」が蔓延していると言われます。反知性主義とは，知識を拒否することではありません。そうではなくて，独断的な主張を正当化するために知識を利用することをいいます。専門的知見なるものを持ち出して他者とのコミュニケーションを拒絶し，相手の発言を封じ込めるようなものの言い方をする人を，私たちの分野でもときどき見かけます。知性とは，本来，共同性を帯びたものであるはずなのですが。

　専門にかかわることがらは，そこからさまざまな問いが開かれる学びの素材として，人々に共有されたらいいと思います。それを実現する一つのアイディアが，第1章で取り上げた，トランスサイエンス・コミュニケーションです。

〈第Ⅰ部　引用文献〉

青木省三　2005　僕のこころを病名で呼ばないで　岩波書店
東浩紀　2011　一般意志2.0　講談社
平川秀幸　2011　3.11以降の科学技術コミュニケーションの課題——日本版「信頼の危機」とその応答　菊池誠・松永和紀・伊勢田哲治・平川秀幸・飯田泰之＋SYNODOS（編）　もうダマされないための「科学」講義　光文社新書　pp. 151-209.
市川浩　1975　精神としての身体　勁草書房
木田元　1984　メルロ＝ポンティの思想　岩波書店
木村敏　1973　異常の構造　講談社
木村晴美・市田泰弘　2000　ろう文化宣言　現代思想編集部（編）　ろう文化　青土社　pp. 8-17.
熊野純彦　1999　レヴィナス入門　ちくま新書
メーテルリンク，M.　堀口大學（訳）　1908/1960　青い鳥　新潮文庫
メルロー＝ポンティ，M.　竹内芳郎・小木貞孝（訳）　1945/1967　知覚の現象学1　みすず書房
森壮也　2000　手話とろう者のトポロジー　現代思想編集部（編）　ろう文化　青土社　pp. 176-194.
永井均　2001/2010　転校生とブラックジャック　岩波書店（2010年に岩波現代文庫として再出版）　文庫版 pp. 223-228.
日本リハビリテーション医学会（監修）　2009　脳性麻痺リハビリテーションガイドライン　医学書院
西村ユミ・松葉祥一　2010　看護における「現象学的研究」の模索　現代思想，2010年10月号，59-77.
野家啓一　2005　物語の哲学　岩波書店
能智正博　2012　巻頭言，感性を広げる力　質的心理学研究, **11**, 1.
野矢茂樹　2005　他者の声　実在の声　産業図書
Pountney, T. E., Mulcahy, C. M., Clarke, S. M., & Green, E. M.　2004　*The Chailey approach to postural management.* Chailey Heritage Clinical Services.（今川忠男（監訳）　2006　脳性まひ児の24時間姿勢ケア　三輪書店）
佐藤曉　2004　発達障害のある子の困り感に寄り添う支援　学習研究社
佐藤曉・小西淳子　2013　こぼれ落ちる子をつくらない「聴く」保育　岩崎学術出版社
澤田哲生　2012　メルロ＝ポンティと病理の現象学　人文書院
ヴァルデンフェルス，B.　山口一郎・鷲田清一（監訳）　2000/2004　講義・身体

の現象学――身体という自己　知泉書館
鷲田清一　1997　メルロ＝ポンティ　講談社
鷲田清一　2007　思考のエシックス――反・方法主義論　ナカニシヤ出版

第Ⅱ部

現象学的アプローチ
—— 「現実」を成立させる身体 ——

第4章
自我が育つ手前で

> 本章からは，いよいよ，「障がい文化」にかかわる現象学的な記述に着手しようと思います。
> 最初に登場してもらうのは，「自我」の育つ手前を生きる，重い障がいのある子どもです。この子たちとのかかわりの場に臨みながら，自我が発生する一歩手前にある「匿名的先自我」が芽生え，やがてそれが自己意識をもつ「自我」へと発展する可能性を示します。
> 手がかりにするのは，現象学創始者フッサールの「内的時間論」です。内容がやや難解ではありますが，極力かみ砕いて解説します。現象学的な分析，そしてその記述がどのようなものであるか，まずは味わってみてください。わかってくると，必ずや，子どもへのまなざしが変化します。

1 音の連なりの意識

（1）現象学的分析の成果から

読者の皆さんのなかには，方法論について原理的には了解できたとしても，実際に記述するとなると，これまで書いてきた記録とどう違うのか，また，結局は子どものようすを外から観察して解釈するにすぎないのではないかといった疑問をもつ人も少なくないでしょう。この点については，このあと事例を挙げながら明らかにしていきますが，おおよその筋書きを，先にお伝えしておきましょう。

現象学は，通常，大人がすでに完成させている意識の構造について，精緻な

分析の成果を蓄積しています。「障がい文化」を描くにあたっては，まずこの成果を忠実にたどり，「子どもの意識に現れる経験」を記述する材料を整えたいと思います。今回は，「過去把持を通して音の持続が意識されている」という，フッサール現象学では比較的よく知られたテーマに沿って，障がいの重い子どもの世界経験を記述してみます。それだけでも，この子たちの姿が，これまでとずいぶん違って見えてくるはずです。

　なお，現象学にかかわる文献参照について，学術的なルールとしては一次文献からの引用が原則なのですが，初心者にとってフッサール現象学の記述はひどく難解であり，部分的な直接引用が必ずしも読者の利益になるとは考えにくいように思います。本書では，主に山口一郎さんの解説書（2012）を利用させていただき，必要に応じて，一次的な出典を示すことにします。

（2）音の連なりと「過去把持」「未来予持」

　フッサールは，音の持続がどのように意識されているかということについて，「過去把持」という意識の働きを通して分析してみせます（フッサール，1928/1967）。

　リアリティがあったほうがいいので，私の住むマンションの張り紙を例に出します。

　最近，深夜に「トントントン」という音が聞こえるとの苦情が寄せられています。真夜中の物音はご近所の迷惑になるだけでなく，トラブルの原因にもなりますので，ご配慮をお願いします。

　魔物が潜んでいるかどうかは別として，何者かが，物を打ち付けているのでしょう。さて，ここで問題にしたいのは，この「トントントン」という音の持続を，私たちがどのように意識しているかです。

　フッサールは，以下のように分析します。「トン」$[t_1]$，「トン」$[t_2]$，「トン」$[t_3]$ と同じ音が短く3回鳴ったとし，残響はほとんどないと考えてください（図4-1）。

　①いま，はじめの「トン」$[t_1]$ が鳴るのを聞きます。

第 4 章　自我が育つ手前で

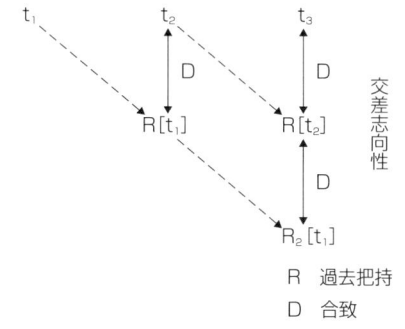

```
t₁        t₂        t₃
 ↘        ↕         ↕
   ↘      D         D     交
    ↘    ↕         ↕      差
     ↘ R[t₁]     R[t₂]    志
       ↖          ↕       向
         ↖        D       性
           ↖    ↕
             ↖ R₂[t₁]

                R  過去把持
                D  合致
```

図 4-1　音の持続はどのように意識されているか
出所：フッサール，1928/1967，翻訳 p.39 及び山口，
　　　2012，p.70 を改変

　②〔t₁〕の音は，すぐに消えてしまいますが，私たちは〔t₁〕を，過ぎ去った音として，おのずと記憶に残します。そのような意識の働きを，「過去把持」と呼びます。「過去把持」された〔t₁〕は，R〔t₁〕と表記することにします。

　③次に，2 番目の「トン」〔t₂〕が鳴るのを聞きます。

　④このとき，いま聞こえた音〔t₂〕がもたらす感覚内容と，先ほど「過去把持」されたR〔t₁〕の感覚内容とが合致します。それで，同じ音の連なりとして意識されるのです。図 4-1 で説明すると，いま鳴った〔t₂〕の下に，さきほど鳴った〔t₁〕が沈んでR〔t₁〕となり（右下方向に引いた破線矢印），〔t₂〕とR〔t₁〕とが合致する（Dと記載）ということになります。

　⑤このことは，〔t₂〕とR〔t₁〕の感覚内容が合致して，ひとつの意味を成立させているということでもあります。〔t₂〕として与えられた「原印象」（過去把持に移る直前の印象，感覚素材とも言い換えられます）と「過去把持」されたR〔t₁〕は，区別できないひとつのことがらになっています。感覚素材の意味内容は，はじめから決まっているわけではなく，両者が合致し，連合することで定まります。

　⑥さらに，3 番目の「トン」〔t₃〕が鳴るのを聞きます。

　⑦このとき，直前に鳴った〔t₂〕の音は，先ほどと同様，「過去把持」されたR〔t₂〕として，〔t₃〕の真下に沈みます。

⑧最初の音〔t_1〕は，すでに〔t_2〕の音が鳴ったときにR〔t_1〕として「過去把持」されていますが，それが再度「過去把持」され，さきほど「過去把持」されたR〔t_2〕の下に，R_2〔t_1〕となって沈殿しています。

⑨ここで，〔t_3〕，R〔t_2〕，そしてR_2〔t_1〕は，感覚内容で合致し（D），三つの同じ音の連なりとして意識されます。

⑩こうして，来る音，来る音が「過去把持」され下方に沈殿していく性質を，「過去把持」の「交差志向性」と呼びます。

⑪下に沈むにつれ，はっきりと聞こえていた音の明瞭度（直観の飽和度ともいいます）が落ち，より「空虚」になります。

⑫ただし，R〔t_1〕もR〔t_2〕も，そしてR_2〔t_1〕も，音としての意味そのものは保持されていて，「空虚」になっても，意味の枠組みとして記憶に残されます。

⑬R〔t_2〕，R_2〔t_1〕と，下に沈むほど感覚内容はより「空虚」になっていくわけですが，過去の意識は，感覚内容の鮮度が失われている程度差が意識に直接与えられることで成立します。

　ここまで，「トントントン」という音の連なりの意識を，いまと，いまに含まれる「過去把持」との連合として説明してきました。

　ところでフッサールは，「過去把持」されたことの意味が，「過去把持」されるにつれ，そのつど未来に向けて予測として投げかけられることも指摘しています。こうした，「過去把持」されたことを予測する働きを，フッサールは，未来を予め持つという意味で，「未来予持」と名づけました。

　R〔t_1〕が「過去把持」されているとき，それと同じ感覚内容の「未来予持」が生じます。続けて，「未来予持」されているのと同じ感覚内容をもつ〔t_2〕が与えられると，空虚な志向としての「未来予持」は，〔t_2〕によって充実されます。ここで，R〔t_1〕—〔t_2〕という感覚内容の持続の直観が成立し，意識されます。

　このように，<u>そのつどのひとつのいまは，そのいまと直接結びついている「過去把持」と「未来予持」を伴う三層構造（いま，過去把持，未来予持）によ</u>

って成り立っています。

（3）受動的志向性

ここで、もうひとつ取り上げておきたいことがあります。「受動的志向性」の話です。

先ほど⑤で、感覚素材〔t_2〕の意味内容は、はじめから決まっているのではなく、「過去把持」されたR〔t_1〕と合致し、連合することによって定まるのだと書きました。このとき、〔t_2〕がR〔t_1〕を覚起する（呼び起こす）とともにR〔t_1〕が〔t_2〕を覚起する「相互覚起」が生じていますが、そうした働きを通して二つの似たものが一つの対になることを「対化（ついか）」と呼んでいます。「対化」が引き起こされると、そのつどそこには意味が立ち現れます。フッサールは、これを、おのずと起こってしまっている無自覚で受動的な働きであるとし、「受動的志向性」と名づけました。

「受動的志向性」は、「自我」の関与を欠いた志向性であって、「自我」の活動を前提にする「能動的志向性」と区別されています。フッサールは、<u>「能動的志向性」は「受動的志向性」によって基礎づけられていて、「自我」の作用とその習慣性は、「受動的志向性」のなかで、ゼロの段階から生成され、発展していくものである</u>としています。

ここでようやく本章のテーマにさしかかるわけですが、この先は、重い障がいのある子どもの事例とともに考えていきたいと思います。

2　重い障がいのある子どもの世界経験

（1）これでいいのだろうか

私がこの仕事をはじめたころの原風景としてあるのが、重い脳性麻痺の子どもが、受けるべき教育を待つ姿です。全員就学が制度化されたあのころから、この子たちへの教育指導はどれだけ進歩したのでしょうか。

よくある学校の風景です。

第Ⅱ部　現象学的アプローチ

　小学部2年生の真理ちゃんが，母親に連れられて教室にやってきます。「真理ちゃん，おはよう」と出迎えると，担任は，「今日の調子はどうかな」などと話しかけながら，健康状態をチェックします。続いて，お気に入りとおぼしき曲をかけ，朝のストレッチをします。やがてほかの子どもがそろうと，真理ちゃんは座位保持椅子に移され，朝の集いが始まります。一人ずつ名前が呼ばれ，その日の予定が伝えられました。

　このあとの授業では，感覚的な発達を促そうということで，小麦粉粘土が用意されました。「冷たくて気持ちいいね」と，お煎餅のように広げた粘土が真理ちゃんの掌に乗せられます。

　真理ちゃんは，この日，教師の言葉かけや身体接触などのはたらきかけに対して，はっきりとした表出をすることはありませんでした。小麦粉粘土で刺激されても，屈曲した腕は動くことなく，動きがあるとすれば，姿勢を変換させようと抱きかかえられるたびに，全身を伸展させてのけぞることくらいでした。

　こんな場面で，真理ちゃんの意識に現れている経験というのは，はたしてどんなものなのだろうかと考えてしまうわけです。また，教師は，この子の経験世界をどのようにしてわかってあげようとしているのか，それも気になります。

　そもそも真理ちゃんのような子どもには，「ぼく／わたし」といった「自我」にあたるものが育っているのでしょうか。学校の研究主題には「主体的に…」と掲げられていますが，それはいったいこの子に何を期待することなのだろうかと，疑問は尽きません。

　もちろん，本人がわかっていないようだから，名前を呼ぶことも感覚に働きかけることも無駄だと言っているわけではありません。ただ，多くの教師は，この子に「自我」があることを前提にしてかかわっています。ですから，やがてその「自我」が，外からのさまざまな刺激に反応してくれるだろうと，素朴に信じているのだと思います。

　でも，それでいいのでしょうか。このあとも引き続き，障がいの重い子どもたちの意識に現れる経験について，とくに「自我」がどう育っていくのかということに焦点を当てながら考えていきます。そういう領域にこそ，保育や教育の手がさしのべられなくてはなりませんので。

（2）自我が育つ

　別の事例です。

　いまは成人していますが，小三からおつきあいのある翔子さんです。

　四肢麻痺タイプの脳性麻痺で，出会ったときには，首のすわりもまだでした。仰向けに寝かせた状態では，左の肘が強く屈曲したまま動かず，いくぶん抱え込みの少ない右腕も，すこし力を加えて伸ばそうとしたとたん急激に屈曲し，同時に全身をこわばらせてしまうのでした。体幹は，すでに側彎(そくわん)が進んでいました。

　視力は失われているものの，聴力は保たれているということでしたが，音の刺激に対してはっきりと応答することはありませんでした。

　そんな翔子さんへの私のかかわりは，マットに横たわる彼女の右腕を軽く持ち上げて，「こんにちは」「佐藤先生ですよ」「ご機嫌はいかがですか」と声をかけることからはじまります。

　この繰り返しが翔子さんにもたらしていた経験が，「トントントン」という音の持続が意識されるのと同じ経験だったかもしれないと思うようになったのは，彼女のその後を追ってからのことですが，ともあれ，このとき翔子さんの意識に現れていたのがどのような経験だったと考えうるのか，おさらいを兼ねて確認しておきましょう。

　翔子さんは，「こんにちは」も「佐藤先生ですよ」も「ご機嫌はいかがですか」も，日本語としての意味がおそらく理解できていないでしょうから，それぞれの言葉は，「トン」と同様，音の塊として聞こえていたと思われます。

　そうなると，「こんにちは〔t_1〕」に続けて，すこし間をあけて「佐藤先生ですよ〔t_2〕」と呼んだとき，翔子さんのなかでは，過去把持されたR〔t_1〕と〔t_2〕とが相互に覚起し，「対化」が起こっていることが予想されます。同じように，「ご機嫌はいかがですか〔t_3〕」が聞こえると，ともに過去把持されていたR〔t_2〕とR$_2$〔t_1〕とが〔t_3〕と相互覚起し，「対化」されます。こうして私の呼びかけは，同じ音（声）の連なりとして，翔子さんに意識されていくことになります。

　ただし，このときの翔子さんの意識の働きは，無自覚な，「自我」の欠けた「受動的志向性」に留まっていたと判断したほうがよさそうです。もちろん，

「受動的志向性」でさえ，それが成立していたかどうか，この時点では定かでありませんでした。しかし，このあと紹介するように，翔子さんは成人を迎えて以降，「能動的志向性」をうかがわせる反応をはっきりと示すようになります。ということは，その基盤となる「受動的志向性」がすでにこのころから働き始めていたと考えるのは，翔子さんのゆっくりとした育ちに寄り添ってきた私の直観からすると，あながち誤りではないように思われるのです。

翔子さんには，高等部を卒業したあとも，体のフォローをするためにときどき会いに行っています。成人式を迎えたころの「指導」場面です。

「右手をかしてくださいね」と言って，翔子さんの腕をそっと持ちあげます。肘は直角近くまで屈曲し，手首も屈曲して掌を軽く握りしめていました。

肘と手首を持ち，冷えきった掌を広げながら，肘を伸ばす方向にゆっくりと動かします。はじめは，ゴムを伸ばすような感触で，翔子さんが自分で動かしているという手ごたえはありません。この先はなかなか伸びないかなと思われたところで，元の屈曲していた位置に戻します。2回，3回とこれを繰り返すうちに，しだいに肘はやわらかくなり，掌も開きます。

このあとは，すこしテンポをあげます。「翔子さん，いくよ」と言って肘を伸ばしはじめ，ゆるんだところで「上手だよ，ふわっと力が抜けたね」と声をかけます。それを一定の間隔で繰り返し，3回目そして4回目になって，いつもより全身がリラックスしているのに気づいたそのとき，翔子さんにうっすらと笑顔が浮かびました。

側彎がひどく，体が縮こまっている翔子さんのような子どもは，マットに横たわっているだけでも姿勢が不安定で苦しそうに見えます。

そんな翔子さんを前に，私は，彼女の力が抜けるのをなぞるように手を添えていきました。翔子さんからすれば，肘の力が抜けるたびに「ふわっとした気持ちいい感じ」があったのだと思います。彼女と共同で創造していったこのような経験は，脳性麻痺当事者である熊谷晋一郎さんが記述している，指導者に「身をゆだねるようにして体がほどかれる」，あるいは「ほどきつつ拾い合う関係」といった現象に近いかと思われます（熊谷，2009）。3回目，4回目のあとに見られたあの笑顔は，さっきあった，つまり過去把持された「ふわっとし

た気持ちいい感じ」がまたやってきたときに，おのずと現れたように見えました。

　そして，まさにこのとき，翔子さんのなかでは，「自我」が育ち始めます。一回きりでない「ふわっとした気持ちいい感じ」が，「対化」を通してひとつの意味を生成します。意味を帯びた感覚素材（ふわっとした気持ちいい感じ）は，翔子さんに育ちつつある「自我」の関心を引きつけようとします。これが，「触発」と呼ばれています（フッサール，1966/1997，pp. 215-245）。育ちつつある「自我」という言い方をしたのは，「受動的志向性」が優勢であるこの時点ではまだ，通常私たちに備わっている，自己意識を伴う「自我」になっていないからです。

　とはいえ，すでに「自我」の芽生えのようなものはあるはずで，それを「匿名的先自我」と言っています。感覚素材に意味が帯びはじめていても，それが自分のことだという自覚がまだない状態です。それでいて，その場に居合わせ，感覚素材からの「触発」を待っている。それが，「匿名的先自我」です。

　ちなみに，翔子さんには，このとき同時に，「未来予持」も働きだしていました。過去把持によって「ふわっとした気持ちいい感じ」の連なりが意識に現れるにつれ，それがつぎへの期待を呼びおこします。翔子さんの笑顔は，さっきの気持ちいい感覚が再来し，「空虚」が満たされたときに現れているとも言えそうです。

（3）子どもの身体

　ところで，翔子さんの事例は，「自我」が，子どもの身体があってこそ育つということに，改めて気づかせてくれます。<u>「自我」は，心のどこかに宿るのではなく，「受動的志向性」として，子どもの身体上でおのずと起こってしまったことを契機に発生するのです。</u>「ふわっとした気持ちいい感じ」は，翔子さんの身体で起こっているできごとです。その印象が過去把持され，続けてやってきた感覚素材との「対化」がなされるのも，彼女の身体上で生じるできごとです。

このことは，指導者が子どもの身体にじかに触れる場合だけでなく，「こんにちは，佐藤先生ですよ，ご機嫌はいかがですか」といった声の感覚素材を提供するときにもあてはまります。力が抜けて気持ちいいのと同様，音，とりわけ穏やかな人の声は，身体に心地よさをもたらします。谷川俊太郎さんが，「声は愛撫のひとつのかたち」と言っているそのことです（谷川，2002）。
　脳性麻痺の子どもは，もともとの脳損傷によって，身体の感受性やそのバランスに欠けていることが知られています。また，重度の子どもになるほど，「自我」の育つ基盤となる，安定した身体をつくれずにいます。翔子さんは，みずからの身体を，20年以上かけて整えてきたのでした。

まとめ
　重症心身障がいの子どもがいます。からだに力がこもらず，呼びかけても反応らしきものが認められない子どもです。
　教育という立場で仕事を始めて以来，このような子どもに「私」といわれるようなものがあるのかどうかが，ずっと気がかりでした。もちろん，あると信じて子どもには呼びかけるのですが，はたしてその子はそれをどう受け止めているのか。というより，受け止める「私」が育っているのかという問いです。
　育っていないとしたら，と考えました。そうだとすれば，それを育ててあげることこそ，私たちの仕事です。子どもの身体上に，それまでなかった「ぼく」「わたし」が芽生えたとして，それはその子にとってどんな出来事なのでしょうか。そんなことをぼんやり想いながら，この子たちの傍らで過ごすのが臨床という営みです。

第5章
姿勢活動の育ちと情動の伝染

　前章で取り上げたのは,「自我」が現れる手前を生きる,重い障がいのある子どもの世界経験でした。横たわった子どもの傍らで,抱え込んだ腕を徐々に伸ばしていくと,全身の力が一気に抜けることがあります。子どもにとっては,「ふわっとした気持ちいい感じ」なのだと思います。それが2回,3回と繰り返されると,「過去把持」された先ほどの感覚が呼び起こされ,いま起こっている感覚と合致します。こうした意識の働きは,無自覚で「自我」の関与に欠いた「受動的志向性」と呼ばれていますが,それによってもたらされた感覚素材の「意味」は,「自我」の芽生えともいえる「匿名的先自我」を触発します。そんなお話でした。

　ところで,このような出来事は,すべて子どもの身体上で起こっています。本章は,その「身体」に焦点をあてながら前章の議論を語り直すとともに,自我の現れに向けて話を先に進めます。語りの素材は,ワロンの「姿勢」「情動」といった概念です。重い障がいのある子どもの身体上に,「姿勢」,そしてその心的実現である「情動」を育てていく過程と,「自我」の現れ―「他者」の浸透との相関について記述していきます。

1　姿勢活動の育ち

(1) 身体上の出来事としての「姿勢」活動

　「匿名的先自我」は,ある日,何かの拍子で子どもの心に宿るものではありません。それは,ある感覚素材が繰り返し与えられたときに,「過去把持」という意識の働きを通して帯び始めた「意味」に「触発」されるようにして発生します。この時点では,「自我」の関与を欠いた「受動的志向性」が優位に作

用していますが,「匿名的先自我」は,そこに居合わせるようにして,「自我」への発展を待っています。

　ここで改めて問題にしたいのは,こうした一連の出来事が,すべて子どもの「身体上」で起こっているということです。フッサール現象学では,「過去把持」が,あくまで「意識の働き」として語られています。しかし,重い障がいのある子どもでは,「意識の働き」を支える「身体」が整っていません。それがどういうことか,このあと発達心理学者ワロンの議論を下敷きにして考えます。

　私たちは,ふだん,外界の感覚素材を視覚や聴覚といった感覚器官を通して知覚し,適応的な行動を形成していると思っています。そのこと自体,誤りではありません。

　ところで,ワロンは,ここに「姿勢」という活動を介在させます。ワロンは,幼少期の「知覚」における「姿勢」の役割を,つぎのように述べています。

　　たとえば子どもが物を知覚するばあいでも,その物がもたらす刺激の質だけでなく子どものそのときの欲求や状態に応じて,子どものなかにはある姿勢(態度)が惹起されるのであって,子どもの物の知覚は,最初まずこうした姿勢(態度)によっているのだと言えなくはありません。つまり,子どもは,まず自分自身の姿勢(態度)をとうして外の現実を意識するのです。(ワロン,1983,p.171)

　人は,外界から入る感覚素材を,視覚や聴覚などの感覚器官だけで処理しているのではありません。とりわけ,発達の初期では,知覚が成立するとき,外界の対象を受け取るための「姿勢」活動が,そのときの子どもの欲求や状態に応じて作用しているというわけです。

　ワロンの言う「姿勢」は,日常的に私たちが「姿勢がいい」などと言うような,身体の外形を表す言葉ではありませんが,その一方で,身体という基盤なしにもありえません。それは,<u>身体上でかたどられる,ある種の「構え」のようなものだと考えてください</u>。身体上の出来事としての「姿勢」活動です。

（2）「意味」を取りにいく

　この話をさらに進めていくと，現象学でいう「意味」という概念に行きあたります。

　フッサールの時間論では，感覚素材のつながりが受動的ながらも意識されることで「意味」が生成されるということでした。ただ，先ほども述べたように，身体上で起こっているこのような出来事を，意識の作用という文脈から語るだけでは不十分であり，身体，とりわけ「姿勢」という側面からも考察する必要があります。

　この点については，メルロ゠ポンティも詳しく記述しています。第3章でも紹介した澤田さんの本からの引用です。

　有機体の身体は，反射運動が形成される以前に，刺激の側に対してある一定の態度や姿勢を作り出している。メルロ゠ポンティは，刺激と受容器の媒介となる契機を，反射法則ではなく，ゴルトシュタインに倣い，「環境世界」と呼ぶ。この「世界」のなかで，有機体は，自らの行動の分節に応じて刺激を選び取る。(澤田，2012, pp. 63-64)

　有機体とは，さしずめ生命あるもの全般と考えてください。感覚素材がおのずと感覚器官に流れ込み，それに対応した適応行動が出力される（反射運動）以前に，有機体は，刺激を受け取る態勢（態度や姿勢）を身体上に整え，周りの刺激を選択的に取りにいっているというわけです。澤田さんによれば，「有機体は反射法則に馴らされる以前に，生活条件に応じて，自分の行動を規定する一つの「意味」として刺激を選び取っている」(澤田，2012, p. 65) のです。

　そして，このようなしかたで有機体と外界とがつながっているあいだをめがけて，メルロ゠ポンティは「環境世界」という言葉を充てたのだと思います。みずからの生活条件に応じた行動を引き起こすために，「環境世界」のなかで，刺激の「意味」を取りにいくのです。

（3）「身体」を育てる

　感覚素材の「意味」を取りにいくための「姿勢」が象られる場である身体こ

そが，人が外界や他者とのあいだで構築する関係構造の基盤をなしています。そのような視点で，重い障がいのある子どもの身体を見つめてみると，改めてこの子たちの身体の問題が深刻な状況にあることがわかります。

コチコチに固まったままの身体では，そもそも，外部からの刺激を受け取る余地がありません。しかも，身体の位置がわずかに変化するだけで，たちまち全身の緊張を亢進させてしまうのでは，感覚素材を身体に沈め，「過去把持」するのも困難です。

かたや，全身の筋緊張が極端に低下している子どもでは，もともと外部の刺激に対する筋緊張の高まりが生じにくいこともあって，感覚素材を取りにくいための「姿勢」が象（かたど）られにくいと思われます。また，ワロンによれば，子どもは発達のごく初期から，「姿勢を変えるために外界に支点をとり，それを基点にして筋肉のトーヌス配分を，でたらめなものから次第に組織だったものにする」（ワロン，1983，p.235）のですが，動きの少ない低緊張の子どもの場合，こうした「身体図式」の萌芽ともいえる現象が生じにくく，それが「姿勢」活動の発達を滞らせている可能性があります。

<u>肢体不自由児の身体をめぐる教育にあっては，「運動障がい」のケアにかかわる技術だけでなく，外界や他者との関係構造を支える「身体」を育てるという見識が，指導者には必要です。</u>感覚や認知といった機能は，すべて身体性に根ざしているからです。

2　情動の伝染

（1）他者に開かれる「情動」

ところで，ワロンといえば，「情動」という切り口から子どもの発達を捉えたことでも知られています。「情動」と聞くと，「発達障がいの子どもは，情動のコントロールができない」といったように，どちらかというとマイナスのイメージをもつ人も多いと思いますが，ワロンはそれを，先ほど述べた「姿勢」活動が表現されたものであるとします。

表現とは，原初的には，その固有の傾性にそって生体を型どることです。それは本質的に言って自己塑形的活動であり，姿勢機能から生じてくるものです。…（中略）…情動は，この姿勢機能の心的実現であり，また姿勢機能から意識の諸印象を引き出してくるものなのです。（ワロン，1983，p.172）

　ワロンによれば，「情動の現れは，本質的に表現的」です。その表現は，生体を型どる活動，すなわち自己塑形的活動であって，それは，これまで述べてきた「姿勢」活動をもとに生起します。「もろもろの情動は，姿勢的活動の場から生じてくるもの」であり，「情動」は姿勢機能の心的実現なのです。

　繰り返しになりますが，情動は，人の内部にこもるのではなく，その現れが「本質的に表現的」であることを，ワロンは強調します。それゆえ，「情動」は，他者に向けた強い伝染性をもつのです。

　情動は単に物理的な環境とは異なる環境に属しています。情動がその効果を示すのは，それとは別の平面なのです。この情動の本性は明らかに，個人のあいだに伝わる強い伝染性をもつというその本質的な特性にもとづいています。情動は，個人間の関係をその内に含んでいます。情動は集合的関係に属するものであり，情動における環境とは，生きた人間の環境なのです。（ワロン，1983，p.173）

　身体上で「姿勢」活動が生じると，その心的実現である「情動」は，あらかじめ他者を予定していたかのように，強い伝染性をもって他者を呼び覚まします。「情動」は，「生きた人間の環境」のなかで作用するのです。

　他方，指導者による「情動」への応答は，「子どもの意識に現れる経験」に，「他者」を登場させます。次に，このあたりの事情について，事例とともに考えていきます。

（2）他者の「情動」が浸透する

　特別支援学校の中学部に通う健児君には，重い脳性麻痺があります。ふだんは仰向けの姿勢でマットに横たわるか，座位保持椅子に固定された姿勢で過ごしています。自発運動は乏しく，ときどきまばたきはするものの，表情を変えることはありませんでした。身体をさすったり，ゆっくり揺らしたりすると，全身のこわばりがいくぶん和らぐように見えました。

そんな健児君には，この子の身体を「教材」にした指導を進めました。仰向けの姿勢から長座位の姿勢（両脚を伸ばして座る姿勢）まで起こすときのようすです。頭がすわっていないので，ひとりで座位をとるのは困難なのですが，余分な力を抜かせ，重力のなかに身体を位置づけていきます。

　マットに寝かされた健児君は，顔を右に向け，側彎の出ている体幹も，同じ方向にねじらせています。上肢は，手首が屈曲したまま，すでに拘縮と変形が進んでいました。下肢は，私たちが横座りをするときのように，両膝をつけたまま右方向になびかせていました。「風に吹かれた股関節」と呼ばれる現象ですが，膝の下にクッションを置いて姿勢管理をしていました。
　「けんちゃん，起きるよ」と声をかけて，まずは，右に傾いた顔を正面に向けます。声かけの日本語としての意味はわかっていないと思いますが，身体へのはたらきかけに合わせて語りかけるようにしています。頭をもち，ゆっくりとしたスピードで位置を修正します。あと少しで正面を向くというところで，逆戻りする方向にじわっとした力が働き，元の位置に戻ってしまいます。そういうときは，もういちど同じ手続きを繰り返し，さっき逆戻りした位置の手前で止めます。
　次に，顔の向きをそこで保ったまま，頸の後ろに腕を回します。はじめは，マットと頭のあいだに手を差し込んだだけで，健児君は，頭部を回旋させ，全身をのけぞらせていましたが，近ごろは，こちらのかかわりに，だいぶ身をまかせられるようになりました。
　このあとは，頭部をやや前屈させながら，何度かに分けて上体を起こしていきます（図5-1）。ときどき頭を右に回す方向に力が入りますが，すこし待つと力は抜けます。落ち着いたら，「また，いくよ」と声をかけます。これを繰り返していくと，頸に余分な力が入らなくなります。体幹も，凸になった部分を補正すると，ねじれは残るものの，重力に抗した筋トーヌスの高まりが認められるようになりました。
　こうして，上体を床から60度くらいのところまで起こしたところで，こんどは，「放すよ」と言って，頭部をやや前屈させた位置で，頸の後ろを支えている腕をはずします。頭部を体幹に乗せるイメージです。うまくいくときは，10秒ほどその位置で保ちますが，その後は，顎が上がって，頭部を右に回してしまいます。
　再び顔を正面に向けて一息したら，「また，いくよ」と言って，上体を再び60度くらいのところまで起こします。身体が立ってくるとともに，腰から肩胛骨にかけてのトーヌスが増し，頭を支える土台のようなものができてきます。頭部を保持するための準備（構え）が整うといってもいいのですが，そのタイミングでまた，「放す

第5章　姿勢活動の育ちと情動の伝染

図5-1　姿勢活動を育てる

よ」と言って，頭部を体幹に乗せます。この繰り返しです。

　事例の内容を，整理しましょう。
①「環境＝内＝存在」（第3章第1節参照）としてのケアをする
　すでに拘縮と変形が生じている健児君ですが，それに対応した姿勢管理を続けました。
②トーヌスを整え，「姿勢」活動を育てる
　健児君のような子どもでは，重力という感覚素材が身体に差し向けられても（事例では，「放すよ」と言って頭を体幹に乗せる），これを受け取る「姿勢」活動が培われていません。はじめは，仰向けから身体を起こす途中で，余分な力を抜かせ，必要な筋トーヌスを引き出していきました。さらに，身体を起こした位置で，頭の支えをはずせるようなトーヌスのバランスを整えつつ，「構え」としての「姿勢」活動を促しました。
③「情動」への応答
　「姿勢」活動が育つと，その心的実現である「情動」が表出されます。指導者はそれを受けて，かかわりのタイミングを絞り込みます。事例では，「放すよ」といって頭部を空間に投げ込むまでのあいだ，つねに健児君の「姿勢」活動を整えつつ，その現れとしての「情動」をモニターしていました。
④「学習課題」の向こうに他者の「情動」が浸透する

タイミングが合う確率が高くなったとき，指導者のかかわりは，子どもとそれを共有する「学習課題」（事例では，空間で頭部を保持すること）として意味を帯び始めます。このとき，子どもからすれば，「学習課題」の向こうに，「他者」の「情動」が浸透してくるのだと思います。他者の現れとともに，「匿名的先自我」から自己意識をもつ「自我」が分離してくるのです。

　浅い呼吸で，動かせない身体を横たえて生きているこの子たちは，まどろみのなかにできたわずかな隙間から，他者への通路が開かれるのを待っている気がします。子どもから伝染してくるかすかな「情動」は，それを受け取る指導者の「姿勢」活動を活性化するとともに，子どもに向けた指導者の「情動」を塑形します。こんどは，それが子どもに浸透していきます。「自我」が現れるまで，あとわずかです。

まとめ

　「情動」は，他者に伝染するために生じます。それは，ひとつの「表現」活動でもあります。

　重い障がいのある子どもは，言葉による表現はもとより，サインや身振りでの表現も困難です。オーダーメイドのスイッチを活用してもなお，自発的な反応が導きだせないことがあります。また，ようやく Yes―No サインを引き出せた子どもも，指導者からの問いかけ場面でしか意思表示の機会が与えられなければ，「表現」活動は十分に保障されません。

　一方，その子が何を訴えたいのかわからないけれど，また，訴えたいことがあるのか本人さえもよくわかっていないかもしれないけれど，子どもの姿勢活動が何かを「表現」しているという事態があるような気がします。それを，子どもの身体に現れている「情動」として読み取ってあげたいのです。読み取るというより，伝染してくる「情動」を静かに待つ，といったほうがいいかもしれません。さらに，これを感受した指導者の姿勢活動が，子どもに向けた情動を塑形し，こんどはそれが子どもへと伝染します。

コラム　おとなの仕事

　保育士や教師として，一人前に仕事ができるようになるには，すくなくとも20年かかります。この仕事は，専門性といった言葉の範囲をはるかに超えた，「おとなの仕事」だからです。

　保育士や教師の仕事に固有の特徴は，毎日，長い時間，いちどにたくさんの子どもを預かって，一人ひとりの子どもの将来に責任をもつことです。個性豊かな子どもたちを，毎日，長時間にわたって，退屈させずに過ごさせるのです。はんぱな気持ちでは，到底できません。しかも，ただ退屈させなければいいというのではなく，子どもの将来への責任が私たち保育士・教員にはあります。

　それゆえ，一人前になるには，それなりのキャリアが必要です。先ほど，20年はかかると言いました。小学校の先生でしたら各学年を3回ずつ，保育園の先生でしたら0歳から5歳までのそれぞれの年齢を3年ずつもつと18年，2年のおまけを加えて20年です。これだけ時間をかけて完成させるのが，「おとなの仕事」というものです。とはいえ，この間，私たちはどうやって自らを鍛えていったらいいのでしょうか。

　率直に言って，場数を踏むしかありません。たくさんの仕入れをして，いろいろやってみるのです。仕入れとは，なにより，他人の保育や授業を見ることです。人がするのを見てまねるのが，技術の習得にはいちばんの近道です。素敵だなと思う先輩のふるまいを，からだごと写し取ります。また，この仕事は，ネタで勝負というところがあります。本やネットで調べるのもいいですが，実際にそのネタが使われている場面を見たほうが勉強になります。あとは，いろいろ試してみます。子どもが喜んでくれそうなことなら何でもしてみたらいい。反対に，できそうにないことは無理にしようとしないこと。たとえば近頃，保護者と面談をするためのコミュニケーション力が強調されますが，若いうちはあまり気にしなくてよいのです。ある程度の年齢にならないと，親とは対等に話ができませんから。若い時は，若い時にしかできないことをしたらいいのだと思います。

　保育や授業の質が問われますが，質は，質じたいを高めようとして高まるものではありません。質を確保している人は，すでに相応の量をこなしています。量の蓄積が一定レベルに達した時，質が変化します。

第6章
身体上の主客関係

　「障がい文化」について語ろうと，重い障がいのある子どもの世界経験を記述することから着手しました。とはいえ，言葉はもちろん，自在に使える表出手段をもちあわせていない子どもの経験をなぞるとなると，その手がかりはひじょうに限られます。
　ヒントを与えてくれそうな哲学者や思想家の助けを借りました。フッサール現象学からは，「過去把持」「受動的志向性」，そして「匿名的先自我」といった概念を取り込み，自我が芽生える手前の世界経験を描きました。前章は，ワロンの話でした。外部からの感覚素材を受け取れるようにするには，子どもの身体に，ある種の構え（姿勢）を形成する必要があることを学びました。
　これらはいずれも，「身体」に焦点をあてた語りでしたが，本章でももうすこし，この子たちの「身体上で起こっている出来事」について考えます。思考をリードしてくれるのは，メルロ゠ポンティの身体論，とりわけ後期の思想です。
　重い障がいのある子どもが，一塊になった身体を分化させ，やがてその身体を外界へとつなげていく過程を追います。

1　メルロ゠ポンティの思想

（1）メルロ゠ポンティ的感覚

　本章では，これまでも断片的に登場した，メルロ゠ポンティの，おもに後期思想から語りのヒントをもらいます。メルロ゠ポンティの思想は難解だと言われますが，ひとたびその独特な感覚にチャンネルを合わせてしまうと，思いの外なじみやすいのです。

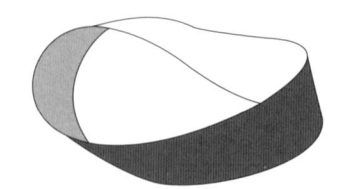

図6-1　メービウスの帯

　梅原賢一郎さんは，メルロ＝ポンティの「可逆性」という概念について，「メービウスの帯」（図6-1）をもちだして解説しています（梅原，2009）。メルロ＝ポンティ的な感覚をキャッチするのに好適な題材でもあるので，長くなりますが，引用します。

　「メービウスの帯」とは，細長い長方形の紙（テープ）を，180度ねじって，二つの対辺を貼り合わせてえられる立体の曲面図形のことである（ドイツの数学者，メービウスにちなんでそう呼ばれる）。
　かりに，一匹の蟻が，「メービウスの帯」の一方の面をまっすぐに這っていくとする。すると，しだいに反転していって，「帯」を一周したときには，反対の面を這っていることになる。這いつづけていくと，またしだいに反転していって，もとの面を這っていることになる。つまり，表は裏になり裏は表になる。
　この「メービウスの帯」の含意するところを，ただ，次のように，確認しておく。
1，表は裏になり裏は表になるということは，同時に表にもなり裏にもなるということではない。表と裏の差異が解消されて一つのものとして合致するのではない。
2，反対に，表は裏になり裏は表になるということは，表と裏とが対立したまま平行線をたどるということではない。表と裏とがまったく交わりえないものとしてたがいに無関係なままありつづけるのではない。
3，表は裏になり裏は表になるということは，したがって，そのつどそのつど表か裏かのどちらかでありながら，その意味で表か裏かの差異は保持されたまま，相互に交通し合うということである。
4，さらに，「メービウスの帯」について強調しておかなければならないことは，「帯」が表や裏に先んじるということである。「帯」があってはじめて表とか裏とかがいいうるということである。

　「メービウスの帯」に内在する論理は，「AはAである（A＝A）」「AはBではない（A≠B）」という論理ではない。AはBにもなり，BはAにもなる。しかし，Aと

Bとが合致するのではない。

　つまりは、こういうことではないか。

　「AはAである（A＝A）」「AはBではない（A≠B）」という論理は、はじめから、Aという同一性、および、Bという同一性を前提している。そして、同一であるか、同一でないかを、云々するのである。

　ところが、「メービウスの帯」に内在する論理は、はじめから、同一性に裏打ちされた、前提すべきAもBもない。まず、どのようなかたちであれ、「メービウスの帯」的構造が造作され、とにもかくにも、そこから、おなじものが生起し、おなじものをになう二項として、たえず一時的という条件つきで、AとBとが分岐する。
（梅原、2009、pp.126-128）

　ここでとりあえず感じてほしいのは、梅原さんの言葉を借りれば、「知性の論理とはまったく質を異にする」世界です。

　「AはAである（A＝A）」「AはBではない（A≠B）」という論理は、知性の論理です。そうではなくて、「AはBにもなり、BはAにもなる。しかし、AとBとが合致するのではない」という世界が想定されます。そこに内在する論理は、「メービウスの帯」的構造が、A、Bという二項に先だってあるということです。その構造から、「たえず一時的という条件つきで、AとBとが分岐する」のです。

（2）可逆性

　関連して取り上げたいのは、自分の右手が自分の左手に触れるという話題です。ご存じの方も多いと思います。もともとはフッサールの著作にある題材で、メルロ＝ポンティが好んで引用し、独自に議論を展開しています。以下、原文からです（メルロ＝ポンティ、1960/1970）。

　私の右手が私の左手に触れるとき、私は左手を「物理的な物」として感ずるが、しかし同時に、私がその気になれば、まさしく、私の左手もまた私の右手を感じはじめる…（中略）…私は触わりつつある私に触わり、私の身体が「一種の反省」を遂行する。私の身体のうちに、また私の身体を介して存在するのは、単に触わるもの、それが触わっているものへの一方的な関係だけではない。そこでは関係が逆転し、触わられている手が触わる手になるわけであり、私は次のように言わなけれ

ばならなくなる。ここでは触覚が身体のうちに満ち拡がっており，身体は「感ずる物」，「主体的客体」なのだ，と。(メルロ＝ポンティ，1960/1970，pp. 14-15)

　メービウスの帯をめぐる話と対照させてみます。身体（手）を「帯」とすると，手が，触れるもの（表または裏）にも，触れられるもの（裏または表）にもなり，表と裏とが，それぞれ一時的という条件つきで交代するのです。これが，可逆性（リバーシブル）です。

2　身体が分化する

（1）自他未分化のレベル

　さきほどの引用箇所は，多くのメルロ＝ポンティ研究者によって考察されていますが，加賀野井秀一さんは，「自他未分化のレベル」から生じる「主客関係」をそこに読み取り，以下のように語り直しています（加賀野井，2009）。

　こうした左右の手のモデルは，メルロ＝ポンティ研究者の間においても，通常，主客の可逆性＝反転可能性の観点のみから論じられることが多いのだが，ここでまず注目すべきは，私が私自身に触れるという何気ない行為の内に，ふと主客関係が生じてくるという事実である。すでにして言語的制約から，私は「私が私自身に触れる」という言い方をしてしまったが，身体一般の問題，もしくはその延長としての肉の問題からするならば，むしろそれは「身体が身体に触れる」あるいは「肉が肉に触れる」とのみ言うべき事であるだろう。私はまだ私ではなく，匿名の器官である右手が，同じく匿名の器官である左手に触れたり触れられたりするに過ぎないのであって，主客関係は，この「自他未分化のレベル」にある肉が肉に触れること，存在が存在に触れることによってこそ生じてくるのである。(加賀野井，2009，p. 274)

　「肉」という言葉がわかりにくいと思いますが，ここでは，「そこで存在がかたちづくられるような生地」くらいに捉えておいてください。この引用で指摘されているのは，「触れる―触れられる」といった主客の可逆的な関係が，必ずしも自明でないということです。加賀野井さんによれば，いまだ自他未分化のレベルにある「匿名の器官」（右手）が，同じく「匿名の器官」である左手

に触れたり触れられたりすることによってはじめて、主客関係が生じるのだといいます。

この部分を読んですぐに浮かんだのが、私がこれまでかかわってきた子どもたちです。発達のごく初期にある子ども、あるいは重い障がいのある子どもでは、身体がいまだひとつの塊のままなのです。

（2）初期の運動発達

ここでしばし、子どもの運動発達をたどってみましょう。

生まれて間もない赤ちゃんの身体は、いわゆる「全身屈曲優位」の状態にあります。とりわけ、うつ伏せに寝かせると、全身を一塊にして、ぎゅっと身体を縮こまらせます。

とはいえ赤ちゃんは、身動きひとつせずに固まっているわけではありません。おむつを取り替えるときなどには、手足を不規則に曲げたり伸ばしたりします。これは、GMs（general movements）と呼ばれていて、外部の刺激とは無関係な、いたって自発的な運動であるとされています（日本リハビリテーション医学会, 2009）。お母さんのお腹の中でしきりに動いているのもGMsで、赤ちゃんは、いわば「準備運動」をたくさんして生まれてきます。GMsは、出生後も20週くらいまで、動きのパターンを変化させながら継続します。

ところで、このような動きは、全身的であり、かつ未分化です。そういうことでは、「全身屈曲優位」と同じ水準にあるといえます。すでに出生前に、赤ちゃんが自分の顔を手で触れる、いわゆる「ダブルタッチ」が認められますが、このとき、手と顔のあいだで「主客関係」が成立しているかどうかは微妙なところだと思います。

やがて赤ちゃんは、うつ伏せの姿勢で、一生懸命に頭をもちあげたり、前腕を支えにして体幹を起こしたりと、一塊だった身体を分離させて動かすようになります。身体を操作しているという自意識はまだ薄いでしょうが、動きが分離してくるにつれ、身体上には主客の関係が芽生えます。

（3）重い障がいのある子どもの身体を分ける

こうして身体がほどけていくプロセスを，ゆっくりとしたペースで経験していくのが，重い障がいのある子どもたちです。

前章で登場してもらった健児君の事例では，首がすわるための練習，すなわち「体幹に頭部を乗せて保持する」練習をしました。「起きるよ」といって仰向けの姿勢から上体を起こしはじめ，床から60度くらいまで起こしたところで，「放すよ」といって，タイミングよく頭部を体幹に乗せます。このとき体幹は，頭部を乗せる土台にならないといけませんが，前章ではそれを，身体の「構え」を整えると言ったのでした。

練習が進むにつれ，あぐら座位の姿勢まで体幹を立てて，同じような手続きを繰り返します。頭部が安定して体幹に乗り始めると，頭部は，体幹（「主」）に対する外部（「客」）になります。また，練習のさなかでは，頭部を垂直に立てる動きに連動するように，骨盤を起こして体幹をのばす動きが現れることがあります。このとき，「主」は頭部，「客」は体幹に入れ替わります。ほんの一瞬ですが，首がすわるときには，こういうリバーシブルな出来事が子どもの身体上で起こっています。

座位を獲得するときも，同様です。

赤ちゃんは，おおよそ5カ月くらいで，上肢を支えにして座ります。上肢が床から離れて安定した座位が完成するまでには，そのあとさらに数カ月かかりますが，両手がフリーになると，リーチの範囲が拡大し，世界は一気に広がります。

両側性の動き（右腕と左腕を同時に動かすなど）は，定型発達の子どもの場合，すでに，仰臥位姿勢が安定する4カ月ごろまでに出現します。しかし，障がいの重い子どもは，仰向けの姿勢をとらせても，頭部や肩を床に押しつけたままのことが多く，上肢が自由になりません。それで私たちは，この子たちの座位姿勢を重視します。座位をとることで，両手が体幹から分離し，独立していくことを期待するのです。

ところで，座位がとれるようになる過程では，平衡反応とよばれる機制が働

第6章　身体上の主客関係

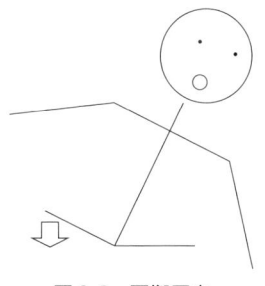

図6-2　平衡反応

いていると言われます（図6-2）。子どもをあぐら座位姿勢にします。体幹が左に倒れると，右の脚はいったん床から離れかけ，その後すぐに床方向に戻って，体幹がもとの位置にかえる助けをします（図中矢印）。このとき同時に，右の上肢も持ち上がり，「おっとっとっ」とバランスをとるような動きをします。これが平衡反応でして，崩れかけた姿勢を修復するための，座位の安定には欠かせない働きです。

　平衡反応は，上下肢，とりわけ下肢と体幹の動きが分離していることと相関しています。ここでは，「下肢が先導して，体幹をもとの位置にかえす」という出来事が生じています。「反応」とはいうものの，下肢が「主」となり，体幹が「客」となる，主客関係が成立しはじめているのです。こうして体幹は，「外部」に布置されます。

　しかし，脳性麻痺をはじめ，身体に重い障がいのある子どもは，ここでも苦労を重ねています。この子たちは，分離した動きの習得がひじょうに困難です。床から浮き上がった下肢は，体幹が倒れそうになっても，もとに戻ることなく，体幹と下肢とが一体になって転がってしまうのです。

　それゆえ私たちは，体幹が傾いて床から浮きあがりかけた下肢に手を添え，体幹と下肢とが別々に動く感覚をつかませます。倒れそうになった体幹（「客」＝外部）を，下肢（「主」）で踏ん張って支える練習です。

83

3　外界とつながる

（1）身体が分化して外界とつながる

これまでの話を振り返りながら，あとへつなぎます。図6-3を見てください。

座位の獲得過程では，下肢が「主」になって体幹（「客」）を支えます。体幹が安定してくると，「客」だった体幹は，上肢に対して「主」になります。上肢は，「客」＝外部になります。

ところで，外部になった上肢は，動きを活発化させ，自分の顔や頭，そして脚などに触れます。子どもは，感覚を確かめるかのごとく上肢を振り回し，たまたまそれが顔に当たったりすると，びっくりしたような表情を見せます。上肢のほうも，なにがしか違和感を感じているようで，すこしの間，動きを止めます。無自覚であるとは思いますが，「触れる―触れられる」のリバーシブルな関係が成立しています。

やがて子どもの上肢は，床に触れて身体を支えたり，近くにある物に触れたりすることで，「主」としての役割を担いはじめます。上肢が，外界を「客」として捉えるようになるのです。

（2）外界への拡張

こうして分節化した身体が外界とつながっていく経験を，メルロ＝ポンティは，「肉」の原理という概念を使って記述します。「肉」とは，先ほど「そこで存在がかたちづくられるような生地」と言いましたが，それは「私の肉」「世界の肉」とメルロ＝ポンティが言うように，「私」と世界（物）とで共有されている生地です。「私」の身体と外界との関係の構造は，こうした，いわば生地の共有によって支えられています。それが，「肉」の原理です。加賀野井さんは，『見えるものと見えないもの』（メルロ＝ポンティ，1964/1989）から引用（一部改訳）しつつ，次のように解説しています。

「私の右手が物に触れようとしている私の左手に触れ，そうすることによって「触

第6章　身体上の主客関係

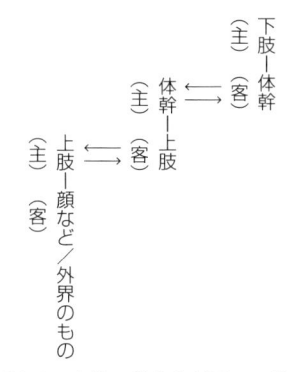

```
(主)下肢―体幹(客)
      (主)体幹―上肢(客)
           (主)上肢―顔など/外界のもの(客)
```

図6-3　身体の分化と外界への接続

れる主体」が触れられるものの地位に移り，物の間に降りてくることになり，その結果，触覚は世界のただなかで，いわば物のなかで起こるようになるのである」

　こうして，左右の手の関係は，そのまま私と物との関係にも拡張されてゆく。私は机に触れ，机も私に触れる。私は掌の凹みに，明らかに凸状の机の抵抗をおぼえ，机に触れられているように感じるのだ。もちろんここで論じられているのは，アナクロニックな物活論ではあり得ない。要は，私も机も，この世界に所属している限り，「触れるもの」と「触れられるもの」との可逆性を支える「触れうるもの」を分有しており，これがすぐれて「肉」の原理を示しているということなのである。（加賀野井，2009, p.276）

　身体上で「触れる―触れられる」という関係があったとき，触れられる身体は，いわば「客観的身体」になります。他方，メルロ＝ポンティは，触れる身体の方を「現象的身体」という言葉で示します。

　「現象的身体」が，「客観的身体」とのあいだで「触れる―触れられる」というリバーシブルな関係をもつのと同じように，今度は，身体の外にある机とも，「触れる―触れられる」の関係をつくります。

　こうして，ともにこの世界に所属している身体と物とは，「触れる―触れられる」という可逆的な関係に組み込まれていきます。身体と物が，どちらも「触れうるもの」になるのです。「触れうるもの」は，身体と物とで分有されつつ，「触れる―触れられる」の可逆性を支えています。メービウスの帯的構造から，ある「おなじもの」が生起し，それをになう二項としてAとBとが分

岐するという梅原さんの記述がありましたが，この「おなじもの」とは，「触れうるもの」を言い当てているのだと思います。

そして，こういったありようこそが，「肉」の原理を示しているといいます。身体と物とは，同じ「触れうるもの」，つまり同じ「肉」からできあがっています。だからこそ生じる「触れる─触れられる」という可逆的な関係に，身体も物も組み込まれていく。そんな原理です。

メルロ゠ポンティは，このことをさまざまな言い換えで表そうとします。再び，加賀野井さんからの引用です。

この「触れるもの」と「触れられるもの」との分起には，「生地」が折りたたまれて重なり合うといった趣きがあり，もとは同じ一枚だったはずの生地が二重化されて，自らに触れ，自らを差異化し，それが相互に関わりを持ち，移行し合うことになるのである。これを表わす用語群も枚挙に暇はないだろう。折れ重なり，襞，覆い合い，裏返し，裏地，二重化，巻きつき，…（後略）…。(加賀野井，2009，p.274)

メルロ゠ポンティによれば，身体も外界も，もとは同じ一枚だったはずの生地です。それが，はじめは身体のなかで「触れるもの─触れられるもの」として二重化され，かつ相互にかかわりをもち，のちにその関係が，外界との関係に拡張されていくのです。

（3）「見る─見られる」可逆性と「触れる─触れられる」可逆性

身体上の出来事としての「触れる─触れられる」の関係が，外界との「触れる─触れられる」という関係に拡張される。ここまでは，さほど無理なく受け入れられるかと思います。

右手が左手に触れるとき，左手は右手に対して外部の物になります。一方，右手は，さきほどまで外部の物だった左手によって触れられる物にもなります。このとき右手は，左手に対して外部になります。

次に，外部の物としての左手を，外界の物に差し替えます。右手は，外界の物に触れたとき，逆にその物から「触れられている」と感じることがあります。ふわふわの布団に触れると，その布団が，自分の手を包んでくれる感覚があります。

ところで，こうした外界とのリバーシブルな関係を，たとえば視覚といった感覚モダリティーの場合で考えると，どのようなことになるのでしょうか。

 短く，個人的な話をさせてください。幼稚園に通っていたころの，数少ない記憶です。

 ホールには，古い椅子と新しい椅子とがまぜこぜに置かれていました。新品の椅子の脚は，それはきれいな肌色でした。しばらく見ていると，その色が私の身体全体を包み込んでくるようで，うっとりしてしまうのでした。

 「我を忘れて」見ていた私は，このとき，文字どおり「主（我）」の座をその色に明け渡しています。見ていたはずの私が，逆に見られる側に転じています。あるいは，こう言ってもいいかもしれません，「釘付けになる」と。これまた文字どおり，その色が私を「釘付け」している，私からすれば，「釘付け」されている経験です。

 こうした経験には，共感覚の働きが関与しているように思われます。当時の私は，その色に，「噛んでしまいたくなる」あるいは「身体深部での肌触りがほしくなる」衝動を感じていました。視覚と同時に，触覚も作動していたのです。それゆえ，椅子の色にからみつかれている感触すらありました。「見る─見られる」可逆性と，「触れる─触れられる」可逆性は，同じ事象を別様に記述しているだけなのかもしれません。

（4）「わたし」が生まれるところ

 はじめに紹介した梅原さんは，著書（梅原，2009）のなかで，「抱き合わせ」という言葉を強調しています。「触れるもの」と「触れられるもの」とがすみやかに置換されるであろう，ある「絡繰り」ないし「仕掛け」，つまり，リバーシブルな関係を維持するベクトルのようなものを「抱き合わせ」と言っているのですが，梅原さんは，ここに「わたし」の誕生を見て取ります。

> 抱き合わせによってかもしだされるであろう，感覚のきわめて高い濃度（いいかえれば，それは，肉的な近さである）のなかで，わけても，「わたし」というなにものかが象られる…（後略）…。（梅原，2009，p.79）

第Ⅱ部　現象学的アプローチ

　「抱き合わせ」は，身体上で「触れる―触れられる」という「主客関係」がさまざまに展開されることによって彩られます。そして，そこに「わたし」が象られる可能性について，梅原さんは続けます。

　唇を結んだり，目蓋をとじたり，そして掌を合わせたりすることはもとより，脇腹と腕とが触れ合ったり，腿と腿とが擦れ合ったり，腕と腕とが組み合ったりして，抱き合わせが彩られるようなこともまるでないとすれば…（中略）…そこには，からっきし，肉的な近さというものがない。そのなかで，「わたし」というなにものかが象られていく，感覚の臨界的な濃度が，つゆばかりも，醸成されることはない。…（中略）…とにもかくにも，抱き合わせが彩られるであろう，肉である織物のある地帯…（中略）…そこは，「わたし」の培養土である。もし，どこかと問われれば，「わたし」は，そこにおいてこそ，出生する。（梅原，2009，pp.79-80）

　<u>重い障がいのある子どもが，一塊になった身体を徐々に分化させる途上では，「抱き合わせ」によって，感覚の濃度の高まりが生じる地帯が現れます。そこが，「わたし」の生まれる培養土になるのです。</u>
　さらに「抱き合わせ」は，外界とのあいだにも拡張していきます。こうして「わたし」は，幾度となく象り直されていくことになります。

まとめ
　私たちが自分を指して「わたし」と言っている，その「わたし」の始まりがどこにあるのかは，これまでも，哲学や心理学でしばしば問われてきました。
　記憶をたどれば，3歳のころの「わたし」にまでは行き着くかもしれません。しかし，さすがにその前になると，定かでありません。どこかの時点で，神様が「わたし」の種のようなものを授けてくれたと考えてもいいのですが，それで納得する人は少ないでしょう。
　そんな問いに答える手がかりのひとつを，本章では示しました。
　身体上に「主―客」が分化してくる過程では，つねに主と客が入れ替わる可能性を秘めた「抱き合わせ」によって，感覚の濃度が高まる地帯が生じます。子どもの身体上に，ひとつの「現実」が現れてくるといってもいいでしょう。そこが培養土になって，「わたし」の輪郭は，繰り返し象られていきます。

第 7 章
世界が「相貌・表情」を帯びる

> 重い障がいのある子どもは、一塊になった身体を分節化させる過程で、自らの身体に「感覚の濃度が高まる」地帯をつくりだし、そこを培養上として「わたし」（自我）を発生させる。そんな話を、前章ではしました。
> ところで、生まれつつある「わたし」は、やがて、私たちがふだんしているように、外界との関係をとりもつようになります。本章では、そのはじまりにおいて、子どもの意識に現れる経験がどのようなものであるかを考えます。
> 人は、たんに、外部から入力された刺激を感知し、それに反応することで世界への適応を図っているわけではありません。私たちは、それぞれに携えた身体を基点として、さまざまな「意味」を世界からつかみとろうとしています。
> このとき、欠かせないのが他者です。他者が介在することによって、世界は、「意味」の母胎である「相貌・表情」を帯びます。

1　「意味」が与えられる

（1）純粋な「感覚」

　人が外界と接点をもつときの、プリミティブかつ基本的な単位として、しばしば「感覚」といった言葉が使われます。光を感じるのが視覚的な「感覚」であり、音をキャッチするのは聴覚的な「感覚」であるというようにです。

　心理学や哲学では、こうした日常的な語義を精錬し、いまだ意味づけも、世界の中での位置づけももたない、単純で純粋な「感覚」なるものを想定することがあります。古典的な心理学で扱われる「感覚」がそうですし、胎児や生後まもない赤ちゃんに生じているのも、このような「感覚」だといっていいでし

ょう。前章の最後に取り上げた，主客が未分化な身体上にできる「感覚の濃度の高まり」という記述でも，そういった「感覚」がイメージされていました。

　このように，「感覚」という言葉で語れそうな事象がありうることを認めたうえで，すこし考えてみたいことがあります。

　私たちは，実際，外界のものごとに，さまざまな「意味」をもたせて生活しています。「意味」に囲まれた世界経験です。これと，さきほどの「意味づけも，世界の中での位置づけももたない，単純で純粋な「感覚」」との間には，たいそうな隔たりがあります。

　はたして，「意味」は，「感覚」が繰り返し与えられることで生成されるのでしょうか。おそらく，それはないでしょう。たんに「感覚」なるものをいくつ重ねても，「意味」に満ちた世界には行き着かないと思います。

　だとすると，私たちには，どうやって「意味」がもたらされるのでしょうか。

（２）ゲシュタルト心理学

　この問題をめぐっては，すでに心理学の草創期から議論がなされていました。問題解決へのいとぐちを提供したのは，ゲシュタルト心理学でした。ゲシュタルト心理学が扱う題材で，よく知られているのが，「図地知覚」です。心理学や哲学では，外界から与えられる，いまだ人の手の加わっていない素のものを指して「所与」と呼ぶことがありますが，ゲシュタルト心理学者たちは，ひとつの「地」の上にあるひとつの「図」こそが，手にされうるもっとも単純な感覚的所与であると考えます。真っ白な紙（地）の上にできた小さなシミ（図7-1）をイメージしてみるなら，もっとも単純な感覚的所与とは，紙についた小さなシミです。

　このとき，前に述べた，単純で純粋な「感覚」なるものは想定されていません。なぜなら，ゲシュタルト心理学は，単純な感覚的所与でさえも，すでに何らかの「意味」を帯びていると主張するからです。紙の白さに囲まれたシミは，すでに私たちに「意味」を与えています。シミは，白い紙を全体とした，そのなかの部分として，すでに位置づいてしまっているのです。

第7章　世界が「相貌・表情」を帯びる

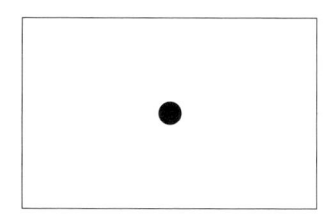

図7-1　図地知覚

　このような経験は，おそらく，幼い子どもにも生じていると思います。子どもは，たとえば，テーブルについた小さなキズや汚れによく反応します。それは，たまたま何かの形をしているかもしれませんが，その形を知的に理解できるかどうかにかかわらず，一定の強度のあるキズや汚れは，けっして「地」にはならない，「図」として浮き上がった印象として，子どもの目に映っていることでしょう。

2　「相貌・表情」の現れ

（1）「意味」が「連合」の前提をなす

　ひきつづき，材料を替えて考えます。素材は，これまでにも使用した，メルロ＝ポンティのテクストです。ここでは，主著『知覚の現象学』（メルロ＝ポンティ，1945/1967）から，哲学者のあいだではよく知られた，難破船の話を紹介します。この話は，多くのメルロ＝ポンティ研究者が引用し，解説していますが，なかでも，熊野純彦さんがイラスト（図7-2）とともに美しく語り直しているので（熊野，2005），以下に引用させてもらいました。

　私はいま海岸を散歩している。海が山に迫り，海岸線が断崖によって区切られているような海浜である。ゆくてには深い緑が見え，木々の茶色い木肌が点々と見えかくれしている。そのなかで一本の枯木が，ほかの木にもたれかかるようにして，ななめに立っている。まっすぐなその幹は，木肌をあらわにして，周囲の木々よりも，ややほの白くも見える。枯枝からは蔓が垂れさがり，そのようすはすこしだけ荒廃した印象を与えるけれども，全体としてはまわりの緑と溶けあい，それほどまでは奇異な風景とも思われない。――枯木と見えたものに近づいてゆくうちに，私

第Ⅱ部　現象学的アプローチ

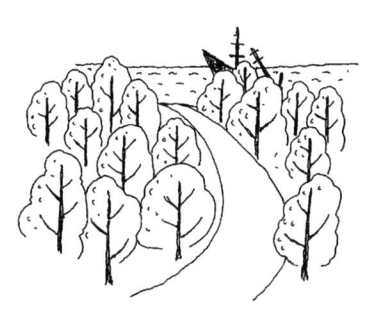

図 7-2　難破船という「意味」のもと
　　　　に「連合」される
出所：熊野，2005

はとつぜん気がつく。あれは難破船だったのだ。遠いむかしに遭難した船の，朽ちかけたその煙突が，枯木に見えたのである。そのつもりで見なおしてみれば，煙突のしたには，毀れかけた船体が反りかえった舟板をあらわにし，長い年月に浸食された無惨なすがたをさらしている。さきほどまでは木々のまにまに紛れて気づかなかったけれども，帆柱が，数本だけ残されて，煙突とおなじように，蔓に巻きつかれ，周囲の緑に溶けいっていたのである。（熊野，2005, pp. 38-39）

　ポイントがつかみやすいように，話の筋に沿って内容を整理してみます。
　①海岸線を散歩しながら，森を眺めていました。
　②森の木々のなかに，他の木にもたれかかるように傾いた枯木を見つけました。
　③そのまま歩いて，さきほどから枯木に見えていたものに近づくと，行く手に難破船が見え，同時に，その枯木が，実は難破船の煙突だったことに気づきます。
　④そこにあるのが難破船だとわかって風景を見なおしてみると，浸食された船体や，それまで周囲の木々に紛れていた帆柱が，難破船の一部分であると判明したのでした。
　『知覚の現象学』のなかでメルロ゠ポンティが難破船のエピソードを用いて語ろうとしているのは，「連合」と呼ばれる働きが，実際は「意味」を前提としているということです。

難破船の風景が眼の前に開けたのは，突然の出来事でした。難破船の印象は，部分の「連合」によって一つひとつ構成されるのではありません。難破船に近づくにつれ，まずは一本の煙突に気づき，つづいて朽ちた船体を発見し，そのあと蔓のからまった帆柱を見て，それらをつないでいくと難破船が知覚されるといった心的過程を「連合」と呼ぶとすれば，私たちは，「連合」なる機能の働きを待つことなく，ひといきに難破船の印象をつかんでいるのです。

　その印象が得られたとたん，眼前の風景は，一挙に再編されます。さっきまで枯木に見えていたものが，難破船の煙突だったのだと納得し，時を同じくして，船体や帆柱が，難破船の一部分として位置づくのです。部分であったそれぞれが，難破船という「意味」のもと，事後的に「連合」されるといったらいいでしょうか。<u>「連合」によって「意味」が導かれるのではなく，難破船として現れた「意味」が前提となって，部分である煙突，船体，帆柱が，あとから，いっきに「連合」されるのです</u>。

　「知覚されたものがなにを意味しているのかは連合から結果するものであるどころか，その反対に，いっさいの連合のうちで前提されている」。(熊野，2005，p.40；メルロ＝ポンティ，1945/1967，p.49)

　熊野さんは，メルロ＝ポンティの記述を引いて，このようにまとめています。

（2）「相貌・表情」

　熊野さんは，難破船がたち現れるとともに風景が一変するという経験をめぐって，そこに情動的な契機を取り込み，次のように描いています。

　世界はたんに，いわば知的な意味によって充たされているのではない。世界とその内部の対象は，そのつど情動的な意味，行動を喚びおこす意義とととともに与えられている。対象のその相貌，表情こそが，意味の母胎であり，世界の風景が一変することの条件なのである。(熊野，2005，p.41)

　世界，そしてそこにあるさまざまな対象は，知的な「意味」だけでできあがっているのではありません。また，世界が，いわば物的な世界以上のものとして経験されていることを指して，「情動的な意味，行動を喚びおこす意義とと

もに与えられている」と言っています。対象のもつ「相貌・表情」は，「意味」の母胎になっているのです。

　ここで，「相貌・表情」という言葉が示す内容を補いましょう。引用をつづけます。

　　難破船の例を，もう一回，いますこし子細に検討してみる。私は，まず，「一本の枯木が，ほかの木にもたれかかるようにして，ななめに立っている」のに目をとめたのであった。枯木は，周囲の木々とすこしだけ色調をことにしていたけれども，それでも周囲の緑に溶けこんでいたのである。私は，ことさらに注意して，その枯木に気づいたのではない。ここには，それでも，なんらかの予兆がある。風景が示す，「すこしだけ荒廃した印象」というかたちで感じとられた，わずかな違和感が，なにかを先どりしている。世界の風景は，かすかな異和を隠しもっていたのだ。

　　ほどなく私は，煙突に気づき，難破船に気がつく。そのとき私は「あれは難破船だったのだ」と思う。それはひとつの，「ああ，そうか Ach─so」体験である。入り組んだ迷路のあいだからとつぜん抜け道が閃くように，隠し絵のなかで動物たちがすがたをあらわすように，古い船体があらわれる。すこしまえにおぼえた，かすかな違和感が解消される。…（中略）…わずかな異和とは，ことばを換えれば，なんらかの「緊張」のことである。湧きおこる黒雲は嵐の来来を先どりし，嵐がもたらすだろう緊張を先どりしている。（熊野，2005，pp.44-45）

　その風景には，「すこしだけ荒廃した印象」というわずかな違和感があり，そのあと起こるであろう出来事が先どりされています。わずかな「異和」は，先取りされたことがらに対する「緊張」だともいえます。私たちは，湧きおこる黒雲に「嵐の到来」を見て，「嵐がもたらすだろう緊張」を感じとっているのです。

　熊野さんは，「世界は相貌的に与えられており，連合を可能にするのもこの相貌である」としたうえで，難破船をめぐるメルロ＝ポンティの議論を，次のように要約しています。

　　じっさいには，知覚された世界はつねに相貌的に，つまりはなんらかの表情をもって与えられており，個々の対象もまたそうである。個々の印象が連合されることで，知覚された対象に意味が宿るのではない。世界がうちにはらんでいる相貌が，対象のそれぞれに意味を配分しているのである。（熊野，2005，p.45）

「つねに相貌的に，つまりはなんらかの表情をもって与えられて」いる世界に，私たち大人は生きているとして，しかし子どもは，この世に降りたってどこかの時点で「相貌，表情」が授けられるというわけではないでしょう。つぎは，そのあたりの事情について考えてみます。

3　他者の介在

（1）発達科学から

「相貌・表情」は，たんに外界と接触をもつだけでは現れてこないか，現れたとしても，その範囲がきわめて限られてしまいます。ものごとに広く「相貌・表情」が帯びるようになるためには，やはり，「他者の介在」が必要です。人は，すでに発達のごく初期から，他者を介して与えられた相貌的な世界と出会い，関係をとりもとうとしています。

そのことを経験的に示すデータを提出しているのが，ここのところ飛躍的な進歩を遂げている発達科学です。その最前線を紹介した書籍として，板倉（2014）等がありますが，乳児の発達を扱った最近の研究では，他者（おもに養育者）との相互作用のなかで認められる子どもの育ちが，主要なテーマのひとつとして取り上げられています。

モーショニーズ（motionese）という言葉をお聞きになったことがあるでしょうか。乳児を前にしたおとなは，おとな同士でコミュニケーションをするときとは違った，特有のふるまいをしているといいます。たしかに，私たちは，赤ちゃんの前で，ふだんはしないような声の出し方や仕草をしています。それを指す言葉です。

大きな動きや，繰り返しのある動きも，そうです。コターバとアイバーソン（Koterba & Iverson, 2009）は，おとながおもちゃを操作してみせたときの，乳児の反応を調べています。おもちゃをもって大きな動きをする条件と小さな動きをする条件，そして動きを反復させる条件とそうでない条件の動画を用意し，それぞれの条件下で，子どもがどのように反応するのかを実験的に確かめまし

た。対象は，8カ月から10カ月までの乳児です。

　結果は，静止したおもちゃの画像を見せたときと比べ，大きな動きの条件と，繰り返しのある動きの条件で，注視時間が長かったのでした。一方，動きが小さくて，かつ反復がない条件では，なんと静止した画像の場合よりも注視が持続しなかったのです。どうやら乳児は，おもちゃそのものより，おもちゃに対するおとなのふるまいを見ているようなのです。

　さらに別の実験では，おとながおもちゃを扱うようすを見せたのちに，子どもにも同じおもちゃを手渡し，どのように操作するのかを観察しました。おもしろいことに，繰り返しのある動きを見た子どもの場合，手にしたおもちゃをゆらす時間が長かったのに対し，繰り返しのない条件では，おもちゃを手にとって眺めているだけのことが多かったというのです。

　私たちおとなは，世界のなかに何らかの「意味」を切り出して，子どもに見せようとしています。モーショニーズといったおとなのふるまいは，おもちゃに「相貌・表情」をもたらし，そこに「意味」を分泌させようとする営みだともいえます。おもちゃは，ただ静止してあるときは，子どもにとってなんら相貌も表情も示さなかったのかもしれません。ところが，それをおとなが繰り返し動かしてみせることによって，「相貌・表情」が現れたのだと考えられます。

　子どもからすると，このとき，その場の風景が一変するのだと思います。難破船に気づいた瞬間と同じようにです。

　これと似たことは，ふだんの子育て場面でもよくあります。たとえば，さっきまで床に転がっていたおもちゃをお兄ちゃんが手にしたとたん，わざわざ弟がそれを触りに来て，取り合いになるといった構図です。それまで，いくらでも遊べる時間はあったはずなのですが，お兄ちゃんがおもちゃを扱うのを見ているうちに，そのおもちゃが，なにか楽しげで魅力的な「相貌・表情」を帯びてくるのです。

　<u>子どもは，ごく幼いころから，モーショニーズといった，おとなからの働きかけを受け止め，世界にある対象に相貌や表情を見ていくのです。</u>

（2）障がいの重い子どもと「相貌・表情」

　本書に登場する子どもたちは，障がいの程度が重いため，すでに一定レベルの認識活動が確認できる定常発達の乳児と同じような方法では，行動観察をするのが困難です。

　とはいえ，私たちが，障がいの重いこの子たちとかかわりをもつときには，当然ですが，定常発達の子どもの場合と同様，世界の「相貌・表情」を子どもと共有しようと，さまざまな手だてを試みます。ここでは，「相貌・表情」の取り込みといった視点から，第4章で紹介した，自発運動がほとんどない，重い脳性麻痺の子ども（翔子さん）の事例を振り返り，かつ語り直してみます。

　子どもを仰向けに寝かせ，片方の腕をもちます。しかし，腕を挙上させようとすると，全身をこわばらせてしまいます。そこで，腕をわずかにもちあげてみて，身体に力が入ってきたらそのまま待って，力を抜く練習をしました。うまく力が抜けたら，さきほどよりすこし高く腕を挙上させた位置で，「もう一回いくよ」といいながら，同様の練習を繰り返します。

　じょうずに身体を緩められるようになると，「ふわっとした気持ちいい感じ」が，子どもの身体に現れてくるように見えました。これが反復されることで，「ふわっとした気持ちいい感じ」は，子どもの身体に沈殿します。

　さて，このとき，子どもの身体上には，それまでなかったような「相貌・表情」が出現しているのだと思います。カチカチにかたまった身体には，相貌も表情も現れる余地がありませんが，ふわっと力が抜け，呼吸も楽になった身体には，特有の「相貌・表情」が姿を現します。

　<u>重い障がいのある子どもは，外部の世界に「相貌・表情」を見るのが困難です。だとすると私たちは，それを，子どもの身体上につくりだしてあげるしかありません。子どもの身体に，「相貌・表情」をもたらすのです。</u>

　ちなみに，この段階で「相貌・表情」を感じとっているのは，「私」という自我が芽生える手前の，「匿名的先自我」であろうと思われます。「相貌・表情」としての「ふわっとした気持ちいい感じ」が，繰り返し身体に蓄積されていくことで，「匿名的先自我」は，やがて「私」となり，世界とのかかわりを

第Ⅱ部　現象学的アプローチ

はじめることになるのではないか。そんな話を，第4章ではしたのでした。

4　情緒的交流に向けて

（1）外的交流と内的交流

　ここまでの話は，子どもと他者（養育者）とのあいだの，事物を介した営みである「共同注意」の問題とつながっています。それは，子どもの知的発達とからめて語られることが多いのですが，ここでは，他者との「情緒的交流」という側面から考察します。

　事物を「いっしょに」見るという営みが成立するためには，その事物の「相貌・表情」を共有するという，いわば情動的な基盤がなくてはならないと私は思っています。このことを考えるきっかけが，精神科医である北山修さんの著述にありました（きたやま・よしもと，2012）。

　北山さんは，日本人の母子関係がどのように描かれてきたのか，それを浮世絵の母子像に探ろうとしました。国内外の美術館に所蔵されている作品を調べたところ，450組もの母子の姿があったといいます。

　北山さんがまず指摘するのは，母子像のなかにある「母と子の平行関係」です。母子が同じことをしていたり，同じ場面を見ていたりする描写が，たいへん多いというのです。

　「母と子がともに見ること，思うこと」という小見出しにつづく，北山さんの記述を引用します（図7-3）。

　　揚洲周延『幼稚苑　鯉とと』という作品でも，母と子はともに肩をならべ，同じおもちゃの鯉を眺めながら（「外的交流」），鯉というものを共有すること（「内的交流」）が，同時に起こっています。母子の「外的交流」と「内的交流」が二重に行われています。

　　外的交流として，おもちゃの鯉を母が片手で釣り上げるようなかたちで，二人して鯉を眺めている（私はこれを「共視」と呼びます）。その一方で，母は鯉を子どもに見せるように，子どもの顔にも同時に視線を注いでいることが見てとれます。ここでも，「おととよ，おさかなよ」と母が子に向かって言葉を発しながら，子どもは，

第 7 章　世界が「相貌・表情」を帯びる

図 7-3　揚洲周延『幼稚苑　鯉とと』
出所：公文教育研究会

このおもちゃの鯉と遊ぶことにより，魚の名前について，また，魚や魚釣りという文化を，一緒に学んでいるのです。
　一方，反対の左腕で，母は子をしっかり抱き寄せて，母と子の身体的交流を果たしています。肩を並べて，横並びになっていることで，こころのふれ合いがなされています。こころの内的交流ですね。ここでは，母と子が身体を触れ合うと同時に，情緒的交流，こころの通い合いがなされています。(きたやま・よしもと，2012, p. 20)

　引用にある「外的交流」が，「共同注意」にあたります。他方，後半で北山さんは，「反対の左腕で，母は子をしっかり抱き寄せて」，「身体的交流を果たし」，「こころのふれ合いがなされて」いるといいます。「身体的交流」によって，おもちゃの鯉のもつ「相貌・表情」が母と子で共有されます。これが，母と子の「内的交流」であり，「情緒的交流」です。
　ところで，私は，「反対の左腕で，母は子をしっかり抱き寄せて」というくだりを読んだとき，すこし別のことも考えました。
　母親のその行為は，「交流」という営み以前に，おもちゃの鯉の「相貌・表情」を，子どもに見せようとしています。<u>子どもを抱き寄せる母の左腕は，おもちゃの鯉に帯びている「相貌・表情」を受け取るための「姿勢」あるいは「構え」を，この子の身体につくりだしているのではないでしょうか</u>。
　ここでいう「姿勢」「構え」については，第 5 章で，ワロンの発達理論を取り上げた際に触れました。世界に投げ込まれた子どもには，どこかに着地でき

る場を用意してあげるとともに，すべての行為がそこから開始されるような身体的基盤を整えてあげる必要があります。「ランディング・サイト」（＝降り立つ場所，第10章参照）を定めてあげたいのです。そんな役目を担っているのが，母親の左腕ではないかと思いました。

（２）「無相貌・無表情」

「相貌・表情」の共有ということを，よりつよく訴えかけてくる作品が，同じ本で北山さんが紹介している，『蛍狩り』（栄松斎長喜）です。まずは，北山さんの解説を引用します。

> ホタルが夜空を跳びながら，命のともしびを灯すさまを親子で眺めています。日本人はホタルのようなはかない生き物を愛しています。蛍の光のように，ついていたものが消え，生きるものが死んでいくはかないフェードアウトが大好きなんですね。人が消えていくところが美しく，そのはかなさを愛している。このはかなさを「もののあはれ」ともいいますね。日本人は「雪兎」や「シャボン玉」を，はかないもの，もののあはれとして浮世絵に描いたりしています。
> 　ホタルだ，ホタルだと言って喜んでいる子どもと，側にそっと涼しげな顔をしたお母さんがここでは描かれています。この絵を見ていると，なんとなく自分の小さなころを思い出してしまいます。（きたやま・よしもと，2012，p.32）

時間と場所を共有しつつも，お母さんと子どもの前には，おそらく違った「相貌・表情」が広がっているのでしょう。

お母さんは，ホタルの飛び交うこの風景に，「はかなさ」や「もののあわれ」を感じ，子どものころ，同じように親と見た風景を思い出しているのかもしれません。子どもはというと，ただ無邪気に，光るホタルを追っています。

いずれこの子にも，かつて「涼しげな顔をして，そっと側にいた」お母さんが何を見ていたのか，わかる日がやってきます。そのときは，きっと，「はかなさ」や「もののあわれ」を見てとることでしょう。

子どもの世界経験は，こうして，「相貌・表情」豊かに彩られていくのですが，障がいのある子どものなかには，それがなかなかうまくいかない事例があります。

とりわけ，自閉症の子どもは，他者を介した「相貌・表情」の取り込みに決定的なハンディがあるため，この子たちから見た世界は，私たちの想像以上に，「無相貌」「無表情」である可能性があります。自閉症の子どもは，外界の対象や出来事に対する他者を介した意味づけに，しばしば失敗しています。それは，「意味」の母胎となる「相貌・表情」が見てとれないからです。自閉症の子が，興味や関心の幅が狭く，偏っていると言われるのは，「意味」のわかる事物が限られていること，そして見ている世界が「相貌・表情」に乏しいということの言い換えでもあります。

ところで，「相貌・表情」がキャッチできないことは，このほかにも，さまざまな困難を子どもにもたらします。

よく，自閉症の子どもは，語り手の意図や語られた内容の行間が読み取れないといいます。それは，人が通常，その人なりの「相貌・表情」をもたせて，ことがらを相手に伝えようとしているにもかかわらず，この子たちが，そうした「相貌・表情」の削ぎ落とされた，「無相貌」化，「無表情」化したことがらしか受け取れていないためだと考えられます。

また，ホタルの舞う風景がかもしだす，「はかなさ」や「もののあわれ」といった「相貌・表情」は，人と人との「情緒的交流」を成立させる媒体になっています。他者と心が通じ合っているときというのは，何らかの対象を「いっしょに」見ているときであり，「いっしょに」というのは，対象に現れている「相貌・表情」が共有できているときだからです。

北山さんは，このような「情緒的交流」を「裏でのこころの交流」と呼び，それが「表舞台での安心感を支えていてくれる」といいます。そして，「私たちは世界と関わるときに，こうしたこころの絆を後ろ盾にして世界と関わることで，なんとなく自信を持って生きることができる」（きたやま・よしもと，2012，p.36）と，つづけます。

「裏でのこころの交流」につまずき，自らの存在に安定感を欠いている自閉症の子どもは，世界のなかで自分の身の置き所が見いだせず，宙づりにされているようなところがあります。この子たちは，たんにソーシャルスキルが足ら

なくて社会に適応できないだけではありません。そうではなくて,「表舞台での安心感」を裏打ちする,「後ろ盾としてのこころの絆」がもてずに苦悩しているように思えてなりません。

> **まとめ**
> 　「相貌・表情」のない世界が想像できるでしょうか。何を見ても,どんな言葉や音を聞いても,意味が立ち現れてこない世界です。
> 　重い自閉症の子どもは,そんな「無相貌・無表情」の世界を生きている可能性が高いと思います。同じ場所で過ごしていても,私たちと同じように周囲が見えていないどころか,そもそもその場が,「現実」として成立していないかもしれないのです。
> 　そのことが,発達的にもっとも深刻な影響を及ぼすのは,他者との情緒的な交流,北山さんの言う「裏でのこころの交流」においてです。ひとつの風景を前にしても,その「相貌・表情」がおとなと共有できないと,心のつながりは生まれません。
> 　自閉症の子どもでは,共同注意が成立しにくいことが指摘されます。それは,認知や言語の発達にトラブルをもたらすとともに,人と人との心の交流を困難にさせています。他者と現実を共有できているという実感がもてずにいるこの子たちは,この世界のどこに,生きる拠り所を見いだしたらよいのでしょうか。

第8章
〈今〉を構成する〈私〉

　前章は,「相貌・表情」のお話でした。外界の対象はどれも,何らかの「相貌・表情」を帯びています。玩具でも,ホタルのような生き物でも,それらを前に子どもとおとながいっしょに見ているのは,対象そのものというより,対象がかもしだす「相貌・表情」です。それを共有することが,人と人との心の通じ合いを生み,発達の後ろ盾になっているのでした。

　さて本章では,同じ題材を別の観点から扱います。はじめに,〈私〉と〈今〉のあり方について考察します。〈私〉という表記は,「ある特定の人物だけが,他とは違ったあり方をしている私」,そして「どうしてそのようなものが存在するのかと問われるような私」を示しています。そのような〈私〉は,これまた「特別なあり方をしている」〈今〉と,類比的な関係にあります。〈私〉も〈今〉も,他とは違った独在的なあり方をしているのです。

　続いて,こうした〈私〉や〈今〉と,「相貌・表情」とを接続します。対象に帯びる「相貌・表情」を取り込むことは,〈私〉の立ち会いのもと,〈私〉の〈今〉を構成することです。〈今〉という現実性は,世界が「こと」として意識に現れたとき,そこに〈私〉が立ち会うことによって成立します。「こと」は,対象に帯びる「相貌・表情」と言い換えることができます。障がいのある人のなかには,それがうまく現れてこない人がいて,〈今〉がつくれなかったり,定常発達の人とは違った〈今〉を構成したりしているのです。

1　〈私〉と〈今〉をめぐる問い

（1）〈私〉をめぐる問い

　悩みを語るクライエントがいます。「そういうことは誰にでもありますよ」

と返すことで安心する人がいる一方で，逆に，がっかりして帰る人もいます。「いいえ，この悩みは，私にしかわかりません」と訴えるのです。

その人は，他の人にも「自己」や「自我」があることを知っています。それでもなお，「私にしかわからない悩み」というときの〈私〉には，誰もがもっている「自己」「自我」とは異なる，独在性がある気がします。そんなクライエントに，「みんなそれぞれに悩みがありますよ」とアドバイスしたところで，何も解決しないでしょう。すれ違いが生じていますから。

「たくさんある私のなかの私」ではなくて，「この私」という事情を考えます。世界には，自分のことを「私」と呼んでいるたくさんの人物がいます。そのなかのひとりとしての「私」ではなくて，ほかとはまったく違うあり方をしている〈私〉，それが存在することへの問いを，第2章でも登場いただいた，哲学者の永井均さんは，次のように提起しています。

　世界には，自己意識をもった生き物がたくさん存在する。私はそのひとりだ。だが，私だけが——私であるという事実によって——ほかの者たちとはまったく違うあり方をしている。どうしてそんなものが存在するのか？　そして，どうしてある特定の人物が，そしてその人物だけが，そういう違うあり方をしているのか？（永井，2002，p.1011）

ポイントは，複数個存在するものとしての「私」ではなくて，「ほかの者たちとはまったく違うあり方をしている」のがある特定の人物だけである，すなわち「この私」だけであるというときの〈私〉，が存在するわけを問うところにあります。続きを引用します。

　…（前略）…そういう他人たちも，それぞれみんな，その人たち自身にとっては私である，と言える。そういう言い方をする場合には，その人たちはこの私ではない，といって区別するほかはなくなる。それでも，事態は変わらない。世界にはたくさんの人間がいるが，この私は一人しかいない。ほかの人はみんなこの私ではなく，他の私である。では，その人を他の私ではなくこの私たらしめているものは何か？　何がそいつを他の私ではなくこの私たらしめているのか？（永井，2002，p.1011）

同じことを，永井さんは別の本で，次のようにも書いています。

第8章 〈今〉を構成する〈私〉

図8-1 〈私〉が存在する
（ただひとり左から2
番目の人物だけに）
出所：永井，2002，p.1012

図8-2 〈私〉が存在しない
出所：永井，2002，p.1012

　ぜひとも理解しておくべきことは，ここで論じられている問題は「何故よりによってこいつが私なのか」という問題ではない，ということである。そういう滅多にないような偶然の生起がここで問題にされているのではない。…（中略）…もし世界に二人しか人間がいなくても，なぜこの一方が（そしてそもそもなぜ一方が）私なのかはまったく同様に根源的な問いでありつづけるだろう。いやそれどころか，世界に一人しか人間がいなくても，いや一人しかいない場合にこそ，この問題はむしろ最も際立ってくるであろう。その場合この問題は，「何故そもそもまったくの無ではなく，ともあれ何かが存在しているのか」という問いときれいに重なることになるだろう。そして，それこそが問われている問題の本質である。（永井，2010，p.229）

　「そもそもまったくの無ではなく，ともあれ何かが存在している」ことを問う。つまり，〈私〉の存在をめぐる問いです。永井さんは，次のような状況を提示します。

　世界には依然として多くの自己意識的存在者が，つまり「私」が存在しているが，もはや私は存在しない。この状況を，「私」は存在するが〈私〉は存在しない状況，と表記しよう。永井均は，依然として「私」たちのひとりではあるが，もはや〈私〉ではない。（永井，2002，p.1011）

　のちの本で永井さんは，〈私〉という〈　〉付きの表記は必要なくなったと言うのですが（永井，2009，p.242），それによってこの問いがなくなったわけではありません。本書では，説明の便宜上，〈　〉表記を続けることにします。
　さて，ここで示されている「「私」は存在するが，〈私〉は存在しない状況」を，より明瞭に表してくれるのが，図8-1と図8-2です（永井，2002，p.1012）。4人の人物がいたとします（図8-1）。黒丸（●）がついている左から2番めの人物は，ふだん佐藤（永井さんの本では永井）と呼ばれているとします。ここにいるのが5人でも20人でもいいのですが，世界には有限個の人間しかいない

ので，図8-1に世界のあり方を代表させます。
　ところで，図8-1は，図8-2のような世界のあり方の否定として成立しています。図8-2では，それぞれに自己意識をもつ存在があり，左から二番めの佐藤と呼ばれている人物は白丸（〇）になっています。「私」はいるのに，それが〈私〉ではない，〈私〉が存在しない状況です。世界は，図8-2のようであることも可能だったのに，なぜか図8-1のように，ただひとり佐藤という人物だけに〈私〉があるのです。永井さんは，「現実の世界では，左から2番目の人物だけが，ほかの人物とはまったく違うあり方をしている。これは，端的な事実である」とし，「なぜそもそも，そんな特別なものが存在するのか？」という問いには答えがなく，「端的にそうであること——これ以外に答えがないように思えるのだ」といいます（永井，2002, p.1012）。

（2）〈今〉をめぐる問い
　こうした独在的なあり方をしている〈私〉と類比的に捉えられるのが〈今〉です。永井さんの本のなかに，次のような記述を見つけました。
　いつでも今なのに，なぜ，いつでも　今　だって分かるの？
　この場合の「いつでも」ってどういう意味だろう？
　「今じゃない時でも」という意味？？
　そんなはずはないとすれば，どういう意味ですかー？
　「今であるいつでも」という意味？？
　続いて，〈私〉について。
　誰でも私なのに，なぜ，誰でも私だって分かるの？
　この場合の「誰でも」ってどういう意味だろう？
　「私でない人でも」という意味？？？
　そんなはずはないとすれば，どういう意味ですかー？
　誰でも私だという人には簡単に反論できる。え？　イチローは私じゃないよ！と。
　それでも誰でも私だといえるとすれば，その「誰でも」の意味は？？
　「私である誰でも」という意味？？？（永井，2013, pp.366-368）
　〈今〉と〈私〉をめぐる話には，ある種のアナロジーが成立しています。そ

のわけを永井さんは,「土俵の構成原理が実は同じだから」といいます。

　私たちは,過去に,たくさんの「今」をもってきた覚えがありますし,これからも,同じような「今」をもつことになると信じています。複数の「今」を前提して,「いつでも」と言っています。それは,たくさんの「私」を前提して「誰でも」と言うのと,同じ原理です。

　ところで,〈私〉のあり方を考えたときと同様,「今」についても,特別なあり方をした〈今〉が考えられます。私がキーボードを叩いているこの〈今〉は,過去や未来に点在する複数の「今」とは異なる,独在的なあり方をしています。もうだいぶ書いたから,そろそろ一休みしようか,それともこの項だけでも仕上げてしまおうかと思っていて,気がつくとまた指が動いているという,この〈今〉です。

　さて,ここでいったん,〈私〉と〈今〉の話は切りあげて,次の話題に移ります。

2　「もの」と「こと」

(1)「もの」

　第3章第1節でも紹介した,精神科医であり哲学者でもある木村敏さんは,「もの」と「こと」という概念を用いて,生命のありようを追究しています。はじめに紹介するのは,「もの」の世界です。木村さんは,私たちの内部も外部も,いたるところ,ものまたもので埋めつくされているといいます。

　ものはわれわれの世界空間を満たしている。空間のどの一部分をとってみても,もののないところはない。理想的な真空を考えてみても,そこには真空というものがある。…（中略）…私はタバコを吸おうとしてライターを探す。ライターは急には見つからない。しかしそれでも,ライターというものの不在によってもののない場所が出現したわけではない。ライターの見当らぬ机の上が,ライターでないものによって占められているだけのことである。

　ものが空間を満たしているということは,われわれの外部の世界についていわれるだけではない。意識と呼ばれているわれわれの内部空間も,やはりものによっ

第Ⅱ部　現象学的アプローチ

て満たされている。(木村，1982，pp. 4-5)

　パソコンや本などの「もの」はもちろん，真空ですら，空間の一部を占めているかぎり「もの」のひとつです。また，私たちの意識という内部空間も，言葉や概念といった「もの」で占有されています。

　さらに木村さんは，「自己」や「心」でさえも，私たちがそれらを見ようとすると，「もの」に姿を変えてしまうのだといいます。

　この空間内では，われわれひとりひとりもそれぞれ一つのものである。われわれの肉体がものであるだけではない。われわれの自己といわれるものも，その同一性も，他者の心のようなものも，われわれがそれを見るかぎりにおいては，ものとしてわれわれの眼の前に現れてくる。(木村，1982，p. 7)

　ぴんとこない読者もいるかもしれませんが，後続する「こと」の世界と対比させると理解しやすいと思います。先に進ませてください。

（2）「こと」

　客観的・対象的な「もの」としての現れとはまったく別種の現れ方をするのが，「こと」の世界です。

　私がここにいるということ，私の前に机や原稿用紙があるということ…（中略）…このようなさまざまな場面で立ち現れてくることは，すべてきわめて不安定な性格を帯びている。ことは，どうしてもののように客観的に固定することができない。色も形も大きさもないし，第一，場所を指定してやることができない。(木村，1982，p. 8)

　色も形も大きさもなく，空間的な場所も指定できないとなると，「こと」の性格はとても不安定だということになります。木村さんは，それを，「自分であること」「私であること」の不安定さに引きつけて，次のように語ります。

　私たちの意識は，どうやらこの種の不安定さを好まないようである。それは，私たちが「自己」とか「自分」とか「私」とかの名で呼んでいるものが，実はものではなくて「自分であること」，「私であること」といったことであり，それ自身はっきりした形や所在をもたない不安定なものだという事情から来ているのかもしれない。(木村，1982，p. 9)

裏返せば，「自分であること」「私であること」は，不安定な状態のまま保持されるのが困難であるため，「自己」「私」といった呼び名があてがわれることで，安定して私たちの意識にとどめられるのです。

(3)「もの」と「こと」との共生関係

不安定なあり方をしている「こと」は，それじたいを捉えるのが難しいようです。私たちの意識にもたらされるのは「もの」であり，「こと」は「もの」に住まうことによってはじめて姿を現します。

> 元来，われわれの意識はものを見出すためにあるのであって，意識によって見出されるかぎり，どのようなことでもすべてもの的な姿をおびることになるのだ，といってもよいだろう。その意味ではことは意識を超えている。いっさいのもの的粉飾を伴わない純粋無垢のこと的なありかたを，志向的意識によって捉えることは原理上不可能である。(木村，1982, pp.20-21)

「どのようなことでもすべてもの的な姿をおびることになる」といった「もの」と「こと」との関係をとらえ，木村さんは，「ものとこととのあいだに一種の共生関係がある」(木村，1982, p.22) といいます。

(4)「こと」に「私が立ち会う」

世界にある数多くの「こと」が「私のこと」として成立するためには，そこに私が立ち会わなければならないとしたうえで，木村さんは，「私が立ち会う」ということの意味を，「私のいま」を構成することと結びつけて考えます。

> …(前略)…ことがこととして成立するためには，私が主観としてそこに立ち会っているということが必要である。
> しかし，私のこととして成立しているこれら多くのことは，そのあり方の点でこの上なく不安定である。私がそれに意識を向けるやいなや，それらは純粋なことであることをやめて意識内部のものとなる。ものとなった以上，それらは意識の中で空間的な場所を占めてしまう。そして相互に排除的な現れかたしかしなくなる。ことが純粋なこととしてとどまりうるためには，それはいつでもものとして意識化されうる可能性をもちながら，しかも意識の集中をまぬがれた未決状態におかれているのでなくてはならない。いってみれば，ことはつねに一種の発生期の元素のよう

な不安定な状態にある。私がことに立ち会っているといっても，それは私がそれに意識の焦点を合わせているという意味ではない。それは，対象化されることなく私のいまを構成しているという意味である。

　ことは，もののように内部や外部の空間を占めないが，私のいまを構成しているという意味において，私の時間を占めている。（木村，1982，p. 18）

　不安定なあり方をしている「こと」は，それに意識を向けたとたん，「こと」であるのをやめて「もの」になってしまいます。「こと」が純粋な「こと」としてとどまるためには，意識化される可能性を孕みつつ，意識の集中をまぬがれるという「未決状態」におかれなくてはなりませんが，そこに私が立ち会うことで「私のいま」が構成されます。「対象化されることなく私のいまを構成」することが，「私がことに立ち会う」ことなのです。

　本章の冒頭にもすこし触れたように，「こと」は外界の対象が帯びる「相貌・表情」とも言い換えられます。ということは，<u>「私のこと」としての「私の相貌・表情」が，私の立ち会いのもと，「私のいま」を構成しているともいえます。</u>

3　〈私〉の〈今〉が構成される

（1）離人症

　木村さんは，「私のこと」が「私のいま」を構成する事情を描くにあたって，離人・現実感喪失障害（Depersonalization/Derealization Disorder＝離人症）を取り上げます。離人症患者では，「もの」に帯びる「こと」が感じられず，現実感が失われています。

> 患者はたとえば，なにを見てもそれがそこにちゃんとあるということがわからない，ものの大きさや形は変っていないのに，それが実在しているということが感じられない…（中略）…離人症において欠落する感覚がことの世界についての感覚であることは，あらためて言うまでもない。健康時の生活において世界のもの的な知覚を背後から豊かに支えていたこと的な感覚が一挙に消失して，世界はその表情を失ってしまう。（木村，1982，pp. 26-27）

第8章 〈今〉を構成する〈私〉

　また，離人症におけるもうひとつの主症状として，独特な時間体験があります。時間がばらばらになって進んでいかないという訴えです。

　離人症患者がしばしば語ってくれる体験のうちで，われわれにとって特に問題になるのは，その独特の時間体験である。ある患者は，「時間の流れもひどくおかしい。時間がばらばらになってしまって，ちっとも先へ進んで行かない。てんでばらばらでつながりのない無数のいまが，いま，いま，いま，いま，と無茶苦茶に出てくるだけで，なんの規則もまとまりもない」という。別の患者は，「時計を見ればいま何時ということはわかるけれども，時間が経って行くという実感がない」といい，また別の患者は，同じことを「時と時とのあいだがなくなってしまった」という言いかたで表現する。(木村, 1982, pp. 27-28)

　「時と時とのあいだ」とは，「いま」のひろがりを指しています。通常，「いま」は，多くの内容で満たされ，豊かなひろがりをもっています。それゆえ，私たちには，「いま」が安定した静止状態として経験されています。安定した「いま」は，「いままで」（過去）と「いまから」（未来）の両方向に延長し，時間を創出します。ところが，離人症患者の場合，時間の流れのいわば源泉となる，「いま」のひろがりが感じられなくなっているのです。引用を続けます。

　いまはわれわれにとっては，豊かな内容で充たされた安定した静止状態として体験されるのがふつうである。いまは確かに未来と過去のあいだにはさまれている。しかしそのいまがゆったりとしたひろがりとして，われわれの安住を許してくれているために，われわれは時間というものを切れ目のない連続として思い浮かべることができるのである。

　私がさきほど，われわれのいまはことによって構成されていると書いた際の「いま」は，このような豊かなひろがりとしてのいまのことであった。こととしてのいまは，未来と過去のあいだに切れ目を作らない。というよりもむしろ，われわれの自然な体験に即していうならば，このいまのひろがりを「いまから」と「いままで」との両方向に展開してみたときに，そこではじめて未来と過去のイメージが浮かび上ってくる。いまは，未来と過去，いまからといままでとをそれ自身から分泌するような，未来と過去のあいだなのである。未来と過去とがまずあって，そのあいだにいまがはさみ込まれるのではない。あいだとしてのいまが，未来と過去を創り出すのである。こととしてのいまは，こうして時間の流れ全体の源泉となる。「時と時とのあいだ」から時間が生まれてくる。

ことの世界を失った離人症患者においては、このような意味でのあいだとしてのいまが成立しない。患者が「てんでばらばらでつながりのない無数のいまが、いま、いま、いま、いま、と無茶苦茶に出てくるだけで、なんの規則もまとまりもない」と語っている真意は、実はいまの不成立ということである。（木村，1982, pp. 29-30）

さらに、「いま」が薄れると、その構成に立ち会っていた私も行き場を失います。私の存在があやうくなるということは、「いま」の不成立を招き、患者を「無時間」の世界に置くことになるのです。

離人症の体験においては、いまが以前と以後への拡がりを失い、「……から……へ」の性格を失うのにともなって、そのようないまは私自身であることをやめてしまう。いまがいまとして成立しないところでは私も私として成り立たず、逆に言って私が私たりえないところではいまもいまであることができない。そしてそのような私の不成立、いまの不成立は、時間というものを——あるいはむしろ、時間ということを——根本から不可能にしてしまう。離人症患者は時間を感じられない、という言いかたは正確さを欠いている。時間が存在するのにそれが感じられないということではないのであって、そこには端的に言って時間は存在しないのだと言わなくてはならないだろう。（木村，1982, p. 54）

「時間が存在するのにそれが感じられない」のなら、このときはまだ、空虚なる「現実」が残されています。しかし、「端的に言って時間は存在しない」状況が続けば、「現実」そのものが奪われることになりかねません。これは、ひじょうに深刻な事態です。

（2）障がいのある人にみる〈私〉と〈今〉

豊かなひろがりのあるいまを構成することと、外界の「相貌・表情」を取り込むこととは、同じことをいっているのだと思います。「相貌・表情」は一定の時間的ふくらみをもって私に現れてきますし、そこに立ち会うことこそが、「私のいま」を構成していると考えられるからです。絵本に見入っている子どもにおいては、絵の「相貌・表情」が、「私のいま」をつくっています。同じ絵本も、読み聞かせ場面にあると、それを手にした保育士の語りが、私に「相貌・表情」をもたらし、「私のいま」を構成します。

いまの構成に混乱を来しているのは，離人症の人だけではありません。障がいのある人のなかには，苦労しながらも，なんとか「私のいま」をつくりだしている人がいます。そして，その姿からは，独在的な〈私〉と〈今〉のあり方が垣間見えるのです。

先日も，いささかショッキングな出来事に遭遇しました。重い知的障がいと自閉症のある30歳の青年Ｔさんです。施設で生活をしているのですが，建物の改装に伴って個室が用意されました。引っ越ししてからは，それまで他の利用者の人たちと一緒に食べていた食事を，毎食，個室でとることになりました。

個室で食べはじめて数日後，Ｔさんは，職員を戸惑わせる振る舞いを見せたのでした。器に盛られた料理をすべて机の上にひっくり返してしまいます。空になった器は厨房にもっていき，そのあと，机の上に散乱した料理を手づかみで食べるようになったのです。食堂で食べていたころは，そんなことはなかったのにです。

私たちにとって「食事をすること」は，豊かな幅のあるいまを構成しています。Ｔさんも，食事のときにかぎっては，食堂の「相貌・表情」を感じとり，食事時間としてひろがりをもったＴさんのいまを過ごしていた，そう私たちは思っていました。

しかし，実際は，そうでなかったようです。おそらくＴさんは，たんに職員が近くにいたから食堂に居続けただけであって，私たちが考えるような，食事といういまがつくれていたわけではなかったのです。個室に用意されたお膳を前にＴさんが見て取った「相貌・表情」は，お盆と食器にありました。厨房に片付けるという「相貌・表情」を帯びたお盆と食器が，強固にＴさんを支配していました。それが，Ｔさんにとっての，「私のいま」を創出し，周囲を驚かせる行動にいたらせたのです。悩ましい出来事ではありましたが，私は，Ｔさんなりに，〈私〉が立ち会って〈今〉をつくっている姿を見たような気がしました。

（3）〈私〉の存在の持続

　ここですこし，こうした〈私〉の存在の「持続」について触れておきます。

　自閉症児のなかには，ビデオの一場面ではないかと思われる定型会話を繰り返すなど，一日の大半をファンタジーに没頭して過ごす子どもがいます。目の前の世界から「相貌・表情」を汲み取れないと，替わりにこの子たちは，過去の映像にある「相貌・表情」からいまを構成するのです。

　そんなこの子たちも，体調の悪い日には，ファンタジーにひたることすらできずにいます。そういう日は，いつも見ている過去の映像にも，私が立ち会えていないようです。ひろがりのあるいまが失われ，不規則なフラッシュバックに襲われるのは，このようなときです。

　とはいえ，多くの場合，不調はある程度の周期性があって，しばらくすると山を越します。そうすると再び，過去に切り出した画像に立ち会っていまをつくる，いつもの生活に復帰するのです。

　こうした日々のなか，けなげにありつづけるのが〈私〉なのだと思います。〈私〉の存在は，その持続を図ります。永井さんは，〈私〉という存在が持続することについて，「記憶がつながってれば，そいつは必ず私になる」（永井，2010, p.231）と述べています。この子たちは，ビデオの特定場面から「相貌・表情」を切り出し，ことあるごとにその映像を思い起こし，さらに再びビデオをつけて同じ「相貌・表情」に立ち会おうとしているように見えます。自閉症の子どもは，しばしばビデオの特定場面を繰り返し再生していますが，それは，ビデオ画像の「相貌・表情」を記憶としてつなぎながら，〈私〉の存在を持続させているのだと思います。

（4）ないことが可能であった〈私〉と〈今〉を子どもにもたらす

　最後にもうひとつ，〈私〉と〈今〉をめぐって，保育・教育の「実践」とからめてお話しします。

　重い障がいのある子どもは，いまの構成じたいができずにいることがあります。たとえばこの子たちは，すこしのあいだ絵本を手にしたり，光る玩具を眺

めたりします。それは，その子にとって，「私のこと」であるに違いないのですが，残念ながら，そのあり方は，ひじょうに不安定な状態のまま手をつけられていないことが多いのです。「私のこと」とはいっても，そこに立ち会っている私はとても希薄であり，それゆえ，「私のいま」もすぐに消えてしまいます。

　実践場面では，このような「私のこと」を映し出す「もの」を用意することによって，いまだ不安定な「私のこと」に私を立ち会わせ，「私のいま」を構成する手助けをします。

　よくある実践例です。もうじき3歳になる翔真君は，重度の自閉症と診断されています。保育園にいるあいだじゅう，たまたま目についたものを触っては，また別のところをさまようといった生活をつづけていました。すず先生は，この子がどんなものだったら遊んでくれるかと，いろいろ試しながら，翔真君のレパートリーを調べました。そして，ようやく三つ四つ見つかったお気に入りのグッズを写真に撮ってカードをつくり，カードを渡したらそれを取り出してあげることにしました。すぐにその仕組みを覚えた翔真君は，それを始めてから数日後，すず先生がお休みの日だったのですが，カードの入ったファイルが見つからず，園内を探し回っていたそうです。いまがつくれなくて困っていたのでした。

　カードが使えるようになったということは，翔真君が，カードという「もの」に「相貌・表情」を見るようになったということでもあります。「相貌・表情」を帯びたカードは，不安定だった「私のこと」に，私が立ち会うきっかけをつくり，「私のいま」をもたらしたのでした。

　振り返ってみると，ここで立ち会いを要請された私は〈私〉であって，構成されたいまは〈今〉であったのだと思います。ないことが可能であった〈私〉と，ないことが可能であった〈今〉です。その存在に，「この実践」が立ち会っています。それは，翔真君とすず先生とのあいだの〈実践〉です。

> **まとめ**
>   永井さんの言う〈私〉は，他とは違ったあり方をしている独在的な〈私〉です。〈私〉の独在性ゆえ，佐藤の〈私〉のことは，他者（読者）に向けて伝えることができません。なぜなら，いま私の言葉を受け取っている他者（読者）は，佐藤の語っている〈私〉の話を，自分の〈私〉（〈私〉とは，佐藤に独在的な〈私〉であるゆえ，ほんとうは"自分の〈私〉"とは表記できないのですが）と対応させながら聞いてしまっているからです。このとき，佐藤の〈私〉は，その独在性を失い，だれにでもある一般的な「私」にすり替わっています。〈私〉のことは，本来，語りようがないのです。
>   それはそうとして，実際，なぜかそういう〈私〉が存在しています。たくさんある「私」のうちのひとつではない，独在的な〈私〉です。そういうものが子どもにあると言ってしまうと，また一般的な「私」の話になってしまうのですが，それでもそうやって示すしかない〈私〉を子どもに感じ取れるとしたら，それはひとつのセンスです。

第8章 〈今〉を構成する〈私〉

☕ コラム　自立について

　障がいのある子どもを育てる立場から，自立について，すこし考えてみます。

　「能力レベル」での自立が，まずは考えられるでしょう。経済的自立も，同じ範疇に入ります。障がいのある人の自立を，能力レベルだけに求める人はいないでしょうが，このレベルの自立じたいが否定されるわけではありません。

　一方，社会のなかでの役割・期待という考え方を持ち込む人もいます。個人の能力レベルを超えて，他者や社会との関係性のなかで自立を捉えるのです。能力の違いにかかわらず，人はそれぞれに持ち味を生かしながら社会的な役割を果たし，社会の期待に応えています。ハイデガー流に言えば世界＝内＝存在，サルトル流に言えば「実存レベル」の自立といったところでしょうか。

　この延長上では，できるできないというものさしが意味をなさない，重い障がいのある子どもを前に，「この子がいてくれることじたいが，自立である」という考えが生まれます。親には，そういう思いがあります。この子は，ここにいるだけで，他者の期待に応えているのです。

　話はここで終わってもいいのですが，この先を，あとすこし考えます。親にとってのかけがえのなさはそのとおりだとして，しかし，その子自身としてのかけがえのなさということではどうなのか，という感覚は残ります。

　そこで思い浮かぶのが，永井均さんが問い続けてきた〈私〉です。なくてもよかったかもしれない独在的なあり方をしている〈私〉がつくる現実性は，その子にとってかけがえのない，たしかな存在の実感をもたらしているはずです。自立とは何かという問いに対して，そのような〈私〉が，なぜかその子に住まうようになることだといったふうに示せるかもしれません。「存在レベル」での自立です。

〈第Ⅱ部　引用文献〉

フッサール，E.　立松弘孝(訳)　1928/1967　内的時間意識の現象学　みすず書房
フッサール，E.　山口一郎・田村京子(訳)　1966/1997　受動的綜合の分析　国文社
板倉昭二(編著)　2014　発達科学の最前線　ミネルヴァ書房
加賀野井秀一　2009　メルロ＝ポンティ――触発する思想　白水社
木村敏　1982　時間と自己　中公新書
きたやまおさむ・よしもとばなな　2012　幻滅と別れ話だけで終わらないライフストーリーの紡ぎ方　朝日出版社
Koterba, E. A., & Iverson, J. M.　2009　Investigating motionese: The effect of infant-directed action on infants attention and object exploration. *Infant Behavior & Development,* **32**(4), 437-444.
熊谷晋一郎　2009　リハビリの夜　医学書院
熊野純彦　2005　メルロ＝ポンティ――哲学者は詩人でありうるか？　NHK出版
メルロ＝ポンティ，M.　竹内芳郎・小木貞孝(訳)　1945/1967　知覚の現象学1　みすず書房
メルロ＝ポンティ，M.　竹内芳郎(監訳)　1960/1970　シーニュ2　みすず書房
メルロ＝ポンティ，M.　滝浦静雄・木田元(訳)　1964/1989　見えるものと見えないもの　みすず書房
永井均　2002　私　永井均・中島義道・小林康夫・河本英夫・大澤真幸・山本ひろ子・中島隆博(編)　事典 哲学の木　講談社　pp. 1011-1013.
永井均　2009　マンガは哲学する　岩波現代文庫
永井均　2010　転校生とブラック・ジャック――独在性をめぐるセミナー　岩波現代文庫
永井均　2013　哲学の賑やかな呟き　ぷねうま舎
日本リハビリテーション医学会診療ガイドライン委員会・脳性麻痺リハビリテーションガイドライン策定委員会(編)　2009　脳性麻痺リハビリテーションガイドライン　医学書院
澤田哲生　2012　メルロ＝ポンティと病理の現象学　人文書院
谷川俊太郎　2002　声の力　河合隼雄・阪田寛夫・谷川俊太郎・池田直樹　声の力　岩波書店　pp. 9-11.
梅原賢一郎　2009　感覚のレッスン　角川学芸出版
ワロン，H.　浜田寿美男(訳編)　1983　身体・自我・社会　ミネルヴァ書房
山口一郎　2012　現象学ことはじめ〔改訂版〕　日本評論社

第Ⅲ部

自己組織化の仕組みから学ぶ
────固有の「現実」の生成────

第9章
新たな経験の回路を開く

> 　第Ⅱ部では，障がいのある子どもの世界経験をめぐって，現象学的な記述を進めてきました。
> 　第Ⅲ部では，さらに踏み込んだ探求を試みます。現象学的な方法を基盤にしながらも，補助機構として，新たに「自己組織化」の仕組み，なかでも「オートポイエーシス」の理論構想を導入します。いずれも，障がい児保育や教育の分野ではあまりなじみのない考え方ですが，これらを学ぶことで，子どもの世界経験に，新たな経験の回路が見つかる予感があります。
> 　ただ，難点は，もとの理論構想がたいへん錯綜していることにあります。そこで本章では，はじめに骨子となることがらを，できるだけ平易に解説します。続いて，この構想と障がいにかかわる問題とを接続します。題材は，半側空間無視の事例です。

1　オートポイエーシスの理論構想

（1）探求のモードを変える

　本書では，ここまで，既成の語りでは届かなかった子どもの世界経験を描きだそうとしてきました。当初から，行動を対象化し，客観的な観察によって子どもを捉える手法に限界を感じていて，それに代わる方法として，現象学的なアプローチを取り入れました。それだけでも，一定の成果がありました。それが，第Ⅱ部までの内容です。

　ところで，現象学では，その基本的手続きである「意識に現れる経験を記述する」ことに忠実であるほど，原理的な問題が浮かびあがります。というのも，

それは，すでに現れとして知られてしまった限りでの経験を知ること，つまり意識に現れた結果を知ることにほかならないからです。人の意識は，現れが結果として知られる以前に，それをはるかに超えた領野で成立しています。私たちが捉えたと思っているのは，実は，意識の働きのごく一部のようなのです。

　第Ⅲ部では，この先を探ります。手がかりは，河本英夫さんによる，「新たな経験の回路を開く」(河本，2006, p.36) という着想です。作業を開始するにあたって，本章では，現象学的な分析が意識に現れた結果の記述で行き止まりにならないよう，補助機構を導入します。以下に紹介するオートポイエーシスの構想です。

（２）オートポイエーシス

　河本さんによれば，「オートポイエーシスという語は，ギリシア語のオート（自己）とポイエーシス（制作）からの造語であり，チリ出身の二人の神経生理学者マトゥラーナ，ヴァレラの『オートポイエーシス――生命の有機構成』で最初に用いられた」(河本，2002, p.442) といいます。

　オートポイエーシスは，提案者であるマトゥラーナとヴァレラによる定式化が不完全であることも手伝って，さまざまな解釈を生んできました。河本さんは，吟味を重ね，以下のように定式化しています。

　オートポイエーシス・システムとは，反復的に要素を産出するという産出（変形および破壊）過程のネットワークとして，有機的に構成（単位体として規定）されたシステムである。(1)反復的に産出された要素が変換と相互作用をつうじて，要素そのものを産出するプロセス（関係）のネットワークをさらに作動させたとき，この要素をシステムの構成素という。構成素はシステムをさらに作動させることによって，システムの構成素であり，システムの作動をつうじてシステムの要素の範囲（自己＝sich）が定まる。(2)構成素の系列が，産出的作動と構成素間の運動や物性をつうじて閉域をなしたとき，そのことによってネットワーク（システム）は具体的単位体となり，固有領域を形成し位相化する。このとき連続的に形成される閉域（自己＝selbst）によって張り出された空間が，システムの位相空間であり，システムにとっての空間である。(河本，2006, pp.362-363)

オートポイエーシスとは，システム論のひとつです。そのシステムとは，ごく簡潔に言うなら，それ自体で動きを継続させながら自己形成する「生成プロセスのネットワーク」です。

　引用文で，「反復的に要素を産出する」とありますが，この部分の理解のポイントは，要素の集合体のような何か輪郭のあるものがあって，そこから要素が産出されているというイメージをもたないことです。あるのは，反復的に要素を産出するという「産出（変形および破壊）過程のネットワーク」であり，それがシステムを構成しているのです。

　次に(1)について，いくらか言葉を補いながら解説します。

　①生成プロセスのネットワークは，それが作動しつづけることによって，反復的に要素を産出します。

　②産出された要素は，変換と相互作用をつうじて，さらにネットワークを作動させます。

　③このとき，産出されたすべての要素がネットワークを作動させるのではなく，作動にかかわる要素だけが，とくにシステムの構成素と呼ばれます。

　④何が構成素となるかは，要素の同一性（性質）によっては決まらず，その要素が次の作動をもたらすかどうかで決まります。「構成素はシステムをさらに作動させることによって，システムの構成素であり」とは，そういうことです。

　⑤「システムの作動をつうじてシステムの要素の範囲（自己＝sich）が定まる」のところです。はじめは輪郭が明確でなく，要素を産出する主体（自己）と呼べるようなものではなかった単位体が，システムの作動をつうじて要素の範囲を定め，自己（＝sich＝産出的自己）を形成します。

　⑥産出的自己は，たとえば，免疫システムが形成されるイメージによって示されます。ちなみに，人の免疫細胞は，生後1年未満ぐらいで，個々の抗原に関係なく一揃いがつくられてしまいます。そのなかから認知的な反応をするものが残り，そうでないものは，細胞の自死であるアポトーシスをつうじて消滅するといわれています（河本, 2006, p.365）。これが，産出的自己が作動して

いる局面です。

　ところで，オートポイエーシスでは，「自己形成」の過程で，「入力も出力もない」といわれます。産出的自己は，一貫してみずからの作動をつづけるだけであり，作動の継続をつうじてそのつど，自己の内側と外側とを分けます。そもそも内と外の区別は，観察者から見たことがらにすぎず，産出的自己は，それとは無関係に，ひたすら作動します。それゆえ，（外部からの）入力，（内部からの）出力という言葉も意味をなしません。

　つぎに，(2)です。

　構成素の系列は，産出的作動と構成素間の運動や物性をつうじて，やがて閉域をなします。閉域をなすとは，ネットワークが具体的単位体となり，固有領域を形成することです。「自己＝selbst」が生成され，それによって張り出された空間が，システムの位相空間であり，システムにとっての空間です。

　「位相空間」という言葉がわかりにくいかもしれません。オートポイエーシスのネットワークでは，自己を形成することが同時にみずから自身の空間を形成することであり，その空間を「位相空間」と呼びます（河本，2006，p.356）。位相空間ができて，自己に輪郭が現れます。

（3）個体化の仕組みとしてのオートポイエーシス

　オートポイエーシスの理論構想を持ち出したのは，これを障がいのある子どもの世界経験にせまるための補助機構として活用したとき，私たちが踏み込んだことのなかった経験領域にアプローチできそうな予感があったからでした。とはいえ，内容がいささか難解なので，もう一度，要点の整理をしておきます。

　オートポイエーシスとは，「個体化の仕組みを定式化したものであり，それ自体の出現をシステムの機構として定式化したものである」（河本，2014，p.109）とする，システム論です。ここでいう「個体化の仕組み」とは，「それ自体の出現」，すなわち「自己」ができあがる仕組みだと考えてください。

　その仕組みは，大別すると，二つあります。

　一つは，「産出的自己」が形成される仕組みです。「産出的自己」とは，要素

の集合体のようなものとは違って，明確な輪郭をもたないまま作動を続けるネットワーク（システム）です。システムは，作動を続けながら，反復的に要素を産出します。産出された要素のうち，引き続き作動を継続させるものが，構成素と呼ばれます。何が構成素となるかは，産出された要素が次の作動をもたらすかどうかで決まります。作動が継続すると，やがて，単位体としての範囲（自己）が定まってきます。それが，「産出的自己」です。

　もう一つは，「位相的自己」が形成される仕組みです。「産出的自己」は，しだいに明確な輪郭をもった閉域をなし，「位相的自己」となります。外部観察的には，輪郭の内側が自己，外側が外界というように，内外の区別が成立することになります。

　ところで，先ほどの説明では，「作動の継続による要素の産出」「次の作動をもたらす構成素」といった記述の示す内容が，イメージしにくかったかもしれません。

　例を挙げましょう。腹臥位（はらばい）にしたときに，安定して頭を持ち上げられるようになった，定常発達の子どもを思い浮かべてください。月齢でいえば，4〜5カ月くらいです。運動学的に描くなら，「腹臥位にすると，肘を支えにして体幹を伸展させ，頭部は挙上させたまま保持できる」といった記述になるでしょうか。

　このとき，子どものなかでは，どのようなことが起こっているのでしょうか。「作動の継続による要素の産出」ということでいえば，こうした姿勢を保持することによって，いくつもの要素が産出されています。

　前腕には，それまで経験したことのなかった，体幹の重さを支える感触が生み出されています。上腕や肩にも，その重みは伝わっています。

　頭部は，この時期，抱っこをされたりすることによって，空中で保持する頻度が高まります。バギーに座らせても，時折頭部を起こしています。いわゆる「定頸」の成立です。腹臥位にすると，頭を持ち上げてあたりを見回していますが，このとき体幹筋群では，頭部の重みを支える筋力が産出されています。

　また，体幹を伸展させる動きが活発になるにつれ，1〜2カ月ごろにはつん

のめるように前方に向かっていた重心が，4～5カ月ごろには腰から下肢のほうに移動します。ということは，腰や下肢で身体を支える，あるいは踏ん張るような感触が生じているはずです。

このほかにも，ていねいに見ていけばきりがないほどの要素が産出されていると思われますが，いま挙げた要素は，あとに続く身体的作動をもたらす構成素になっています。「次の作動をもたらす構成素」です。前腕で体幹を支える動作や，肘と肩にかかる重みの感触は，後続する手掌支持安定腹臥位（肘を伸ばし，手掌だけを床に接触させて身体を支える姿勢）へと発展する作動をつくりだしています。続く座位保持にしても，はじめは両上肢で身体を支えるところからのスタートですが，その感触は，おそらく腹臥位で体幹を支えていたときの上肢や肩の感触であり，それが安定座位の獲得に向けた作動をもたらす構成素になっています。

さらに，<u>外部観察では見えにくく，見落とされがちなのが，「腰や下肢で踏ん張る」感触です。これは，空間内でみずからの位置を確保する（ランディング・サイトの形成，第10章参照）とともに，後続するさまざまな動作，とりわけ移動運動へと接続しています</u>。

2　自己組織化とオートポイエーシス

（1）システムそのものとしてはどうであるか

つぎに，オートポイエーシスの構想を，自己組織化の考え方と対比させて説明します。一般的には，自己組織化のほうがより広い概念であり，オートポイエーシスは，その極限的，あるいは典型的な概念だといわれます。以下，そのあたりの事情を，やや繰り返しになりますが，お話しします。

自己組織化は，「おのずと進行しつづける生成プロセスのネットワーク」といったように表現されますが，定式化しようとするときには，「生成プロセスが次の生成プロセスの開始条件になる」（河本，2014，p. 367）という事態が強調されます。

このことを外部観察的に捉えるなら，たとえば動的平衡システム（福岡，2009）でいう，自己維持をしながら，外界と物質代謝を行い，環境との相互作用をつうじて自己形成をしていく事象といった記述になるのだと思います。一方で，このような事態について，システムそのものとしてはどうであるのかを問おうとしたのが，オートポイエーシスの構想でした。
　それは，たんにものの見方を変えて語り直す作業ではありません。視点を変更するだけでは，外部観察で記述されたことがらを別様に言い換えただけになります。システムそのものに起こっている事態は，外部観察によって記述されている内容とは，まるで違っている可能性があるのです。そのことを示したのが，オートポイエーシスでした。
　よく挙げられる例が，境界の形成にかかわる事象です。動的平衡システムでは，システムの境界が，はじめから観察者によって規定されています。境界が空間的に区切られていることを前提に，自己と環境との相互作用が記述されます。それに対して，オートポイエーシスでは，いまだ輪郭の定まらない単位体が，要素を産出しながら，自己と外界との境界をそのつど確定するように作動しているのだといいます。外部観察とオートポイエーシスでは，システムの生成をめぐって，まったく別のことを語っているのです。

（2）発達のチャート

　いまの話を，運動発達を例に，語り直してみます。
　運動発達のチャートを目にしたことがあると思います。それぞれの月齢で通過することが期待される姿勢や動きを，一覧にした図です。これを見て多くの人は，子どもが，チャートに掲げられた動作を順に獲得しながら，立位や歩行に必要な動作要素を身につけていくといったイメージをもつのではないでしょうか。
　しかし，それは，外部観察的に捉えたシナリオです。実際に，子どものもとで起きている事態はどうなのでしょうか。四つ這いを覚えた赤ちゃんを思い浮かべてください。その子は，親やきょうだいが歩くのを見るにつれ，自分も歩

けるようになろうと，四つ這いの練習に励んでいるわけではないと思います。また，本人の意思とは別に，歩行を実現させるために予めプログラムされた四つ這い動作が実行されていると考えるのも，いささか素朴すぎます。

　<u>子どもは，何らかの目標に向けて動作を習得しているというよりは，むしろ「そのつどの」動きを遂行しているだけではないでしょうか。</u>おそらく本人は，「ただ四つ這いをしている」のだと思います。

　発達のチャートは，「そのつどの」動きが一定のまとまりをなした，定頸，寝返り，座位といった，いわゆる発達のマイルストーンとされる動作が獲得された軌跡をあとからたどり，それぞれの平均的な通過時期を時系列上にプロットしたものです。つまり，発達のおもだった「結果」を，順に配列したものなのです。したがって，このチャートは，あくまで「結果」として示された，発達の「目安」だと考えてほしいのです。

　ところが，私たちは，こうしたチャートが示されると，前後の「結果」の間に因果関係を見てしまいがちです。月齢的に前に掲げられた動作を練習することで，後の動作ができるようになると思い込んでしまうのです。しかし，それは見かけ上そう見えているだけであって，子どもは実際には，それとは別の仕組みで動作を獲得しているようなのです。動作の創発については，第11章で取り上げます。

（3）固有の発達

　発達をめぐって，もうひとつ気をつけておきたいのは，いまでも多くの人が信じている「発達の道筋はみな同じ」という幻想です。そもそもこの言明は，「結果」の配列でしかないものを，「道筋」とみなしています。しかも，見かけにすぎないその「道筋」を，誰もが同じようにたどるはずであるという，希望的な信念を形づくってしまいました。

　障がいのある子どもの多くは，結果としての発達の軌跡が，一般的なチャートにあるそれとは違っています。そうした，いわば固有の発達を展開している子どもを，無理矢理「同じであるはずの発達の道筋」に連れ戻そうとするのは，

「余計なお世話」なのかもしれません。「目安」として使われるべきものを「目標」にすりかえ，「歩むべき道筋」をつくってしまったとき，子どもはひどく追い詰められます。

　それは，なにも障がいのある子どもだけの話ではありません。実は，定常発達をしているといわれる子どもも，それぞれに「そのつどの」発達をつづけながら，固有の発達を遂げています。その結果が，たまたまチャート上の目安と重なるゆえに，「定常」という言い方でひとくくりにされているのです。そういうことでは，かえって定常発達の子どものほうが，くくりに縛られ，そこから外れることを妨げられているのかもしれません。一部の子どもたちが感じている生きにくさのわけは，そんなところにもありそうです。

3　半側空間無視の経験

(1) 注意機能と現実の形成

　オートポイエーシスは，産出過程のネットワークのなかで，自己が形成され，かつ変貌をとげるシステムとして構想されていました。この構想からは，いくつもの主題を設定することができますが，「変貌するシステム」を探求のターゲットとするなら，問われる内容は，「自己」が「何であるか」ではなく，「自己」が「何になりうるか」です。「なりうる」とは，自己の形成であり，変化であり，そして損傷でもありえます。そのさい，システムのさなかで作動を続ける単位体は，そのつどの「現実」を成立させ，システムの変容とともに，ときとして「現実」そのものの変貌を経験しているはずです。

　そこを探求する手がかりが，「注意」です。注意機能とは，認知能力の主要なものの一つであり，現実の成立に寄与しています。河本さんからの引用です。

　注意が向くことは，現実がそれとして成立することである。注意は，意識の志向性以上にはるかに基本的で，現実をどのように捉えるのか，あるいは現実とどのようにかかわるのか以前に，現実そのものの形成に関与している。(河本, 2006, p. 31)

日ごろ私たちは，漠然と，意識があるとかないとか言っていますが，そもそも意識というのは，つねに何かに向かっていて，それを意識の志向性と呼んでいます。「ぼんやりと意識がある」という場合も，ぼんやりとではあれ，すでに何かを捉えてしまっているのです。

ところで，ここで言われているのは，志向性よりはるかに基本的で，現実そのものの形成に関与するのが「注意」だということです。現実をどのように捉えるのか，現実とどのようにかかわるのかという問いは，現実がそれとして成立していることを前提にしています。この前提こそが問われているのです。

（2）半側空間無視

このような問題を考察するときにしばしば取り上げられるのが，半側空間無視です。はじめに，当事者の記述を紹介します。著者は，医師でもある山田規畝子さんです。「「無い」ことが本人にはわかっているという前提でやるリハビリには無理がある」という小見出しに続く一節です。

「無視」を軽減するための訓練として，「無視」する側に意識的に注意を向けるというものがあります。私に限らずほとんどの高次脳機能障害者が経験するリハビリだと思いますが…（中略）…「無視」が起こっている状態というのが実際にはどのような状態なのかということについて，患者さんとセラピストとの間ではなかなか共通の認識が成立していないことが多いのではないかと思います。たとえば「左側がない」という状態は，患者さんにとっては左側を認識するために自分のからだという具体的な手がかりが使えない状態なのであって，左を認識するために必要な自分のからだの右側，真ん中，だから左側といった思考が認識のなかに存在しない状態なのです。ですから，リハビリで，左側を向く，左側を見ることをいちいち促されると，そのときどきには見落としが回避でき，失敗を免れることができるので，患者さんはその指示を聞いていればよいので楽なのですが，自分自身で左への注意を喚起する能力がそこで使われているかどうかはとても微妙なところです。（山田, 2013, pp. 88-89）

山田さんは，「「無い」ことが本人にはわかっているという前提」を問題にします。「無い」という以上，何かが「無い」のですが，いったい何が「無い」のでしょうか。

第9章　新たな経験の回路を開く

　外部観察的には，視野の片側，あるいは欠けた視野のなかにあるものといった答えになるでしょう。患者は，自分にそれが「無い」とわかっているので，そこへ意識的に注意を向ければ，いずれ回復にいたると考えられてしまうのです。

　しかし，実際，そうはなりません。患者本人にとって，無視する側の現実が成立していないからです。現実がそっくりそのままないのですから，「無い」といわれても何が無いのかわからないのです。

　患者によっては，のちに視野の一部が回復してくることがありますが，そのときは，現実そのものの形成に関与する注意機能が働きはじめ，左側に新たな現実が出現しているのです。「出現している」と書いたのは，気づいたらそうなっていたということです。以前と比べてものの見落としが少なくなったというように，回復の結果だけが意識によって捉えられています。「無い」ことがわかっているのだとしたら，視野の回復とともに，探し物が見つかったときのような経験が生じてもおかしくなさそうですが，そういうことはないようです。

　ここで，「現実」そのものの成立にかかわる事情について，もうすこし考えてみます。やや遠回りになりますが，事例の紹介です。

　患者の世界の半分，すなわち見えない視界の部分に，燃えている家の図柄と，燃えていない家の図柄を置くと，燃えていない家をまぐれ当たりとは異なる確率で，選択するようである。しかも，何故そうしたのかと問うと，よくわからないという。同じように，赤と緑の色紙を見えない視界に置くと，山勘とは異なる仕方で，区別できるようである。見えていないにもかかわらず区別できるのである。とすると感覚のなかには，表象として現れていないにもかかわらず，おのずと区別できる領域があることになる。つまり感知されないが，感受している広大な領域があることになる。これは生きているもの，行為しているものが，おのずと自然や環境とかかわってしまっている基本的な存在モードである。（河本，2007，p. 223）

　感覚のなかには，表象（知覚に基づいて意識に現れる外的対象）として現れないにもかかわらず，図柄や色の区別を可能にする領域があるという，にわかには想像しにくい事実です。「感知されないが，感受している広大な領域」，現実性の成立以前にすでに世界とかかわってしまっている「基本的な存在モード」

があるといいます。半側空間無視の患者は，片側の世界がないのではなく，世界はあっても，それがどのような現実であるかがわからないようです。

（3）正中線をめぐる経験

ところで，こうした患者の例からは，現実そのものの成立にかかわる，興味深い事実が見つかります。その一つが，正中線をめぐる経験です。再び，河本さんからの引用です。

　正中線を引くのは一つの行為であり，それ自体は世界をどのように捉えるかという認知能力ではない。視界が開けているとき，既に正中線が引かれてしまっているのであって，視界の半分ずつを構成するために正中線を引いているのではない。つまり正中線は，体験的行為のレベルで既に働いていると考えられる。実際に半側空間無視の患者に一年生植物をスケッチしてもらうと，最も下の左右の葉は，左右とも描かれることが多い。その最初のスケッチの作業によって直ちに正中線が決まってしまう。いったん正中線が決まると，左側がとても見えにくくなってしまい，そこから上の茎には左側の葉は描かれない。見えにくくなった領域に注意を向けようとしても，注意を向けることができないらしい。(河本，2007，p.226)

左右の葉が描かれたのは，正中線が決まる前の，「基本的な存在モード」での出来事だといっていいかもしれません。ところが，ひとたび正中線が引かれると，左側は描かれなくなります。この場合，「さっきまであった左側の視野が消えた」というより，「右側の現実だけが立ちあがった」と考えた方が自然です。正中線の左側では，現実がそれとして成立しそこなっているのです。

（4）行為の形成

さて，この正中線ですが，現実が成り立っているときにはすでに引かれていたのでした。河本さんは，さきほどの事例について，「正中線を引く行為は，なにかを知ることではなく，一般的に考えると，現れのなかには既に含まれているが，それ自体は現れているものではない。この場合，この行為の部分にかかわり，行為の形成にかかわるような事態を解明する方向へと，現象学そのものを拡張しておかなければならない」(河本，2007，p.227)と述べ，「行為」の

形成にかかわる事態の解明へと，探求の方向づけをしています。

　河本さんは，「認識や認知は，知ることを基本にして組み立てられている。そして真なる認識を競うようにして多くの立論がなされてきた。だがむしろ認知の基本は，世界とのかかわりを組織化することである。…（中略）…認知は自己を組織化し，自己と世界とのかかわりを組織化すると考えるのである。つまり認知を知ることではなく，一つの実践的行為だと考えるのである」（河本，2010, pp.15-16）とし，認識・認知の働きに，「組織化」という動作語的な幅をもたせました。そのうえで，行為と認識・認知との関係を，次のように語ります。

　認識は，すでに世界とかかわってしまい，世界とのかかわりを組織化する行為のごく一部でしかない。それが一部だというのは，作動する行為のなかで安定した一面が認知として取り出されているからであり，さらには行為の結果が，行為の前提であるかのように意識をつうじて取り出されているからである。行為による世界とのかかわりの場面では，行為する自己とその現実という事態が基本となる。現実は，自己の世界とのかかわりのなかでそのつど形成されていく。そうなると，認識論とも存在論とも異なる位置から認知を扱うことになるはずである。…（中略）…行為に相関するのは，認識でも存在でもなく，現実性であり，逆に言えば，この現実性とのかかわりを組織化する働きが行為である。（河本，2010, p.17）

　<u>行為を，現実性とのかかわりを組織化する働きだとしたとき，その安定した一面が，認知として取り出されているのだ</u>といいます。反対から言えば，認知の働きに，現実性を形成し，それを組織化する，行為的な側面を見いだそうとしているのです。

4　自己の再組織化に向けて

（1）二つの問い

　ここまでの内容を，「障がいを生きるという事態」に引き寄せて語り直します。糸口として，「障がいがある」ことをめぐる二つの問いを対比させます。一つは，「障がいがあるとは，どのようなことか」という問い，もう一つは

「障がいがあるとは，どのようになりうることか」という問いです。

一つめの問いについて，よくある答えは，「あたりまえにあるものが欠けている状態」です。外部からはそう見えます。障がいのある人の立場から考えるにしても，「こんなときに不便だろう，こんなことで困るだろう」と，結局，その人の能力的なハンディや障がいの特性に話が行き着きます。ポジティブな側面を強調する場合でも，「ハンディを乗り越えて」といったフレーズがついてまわります。

しかし，山田さんの記述からもわかるように，人の障がいは，能力を足したり引いたりすることで説明がつくわけではありません。視野を付け足すトレーニングをすれば元に戻るようなものではないのです。欠損モデルは，あまりに単純すぎます。

とはいえ，一つめの問いには，こう答えるしかないのかもしれません。問いがまずいのです。切り替えましょう。

河本さんは，別のところで，患者の経験を次のように記述しています。

> 視野が欠けていることに，普段は気づかない風である。左側の視野の位置に置かれた食卓の皿には，手をつけないどころか，そこに何かがあるということに，まるで無関心のようでもある。…（中略）…こうした事態を前にすると，左側が見えないのだから，左側の無視もやむないというように説明したくなる。だがこれでは説明になっていない。顔を左側に向け，正中線を移動させれば，そこに皿は見え，箸を向けることもできる。…（中略）…見える視野のなかに置かれた食べ物は黙々と食べている。だから食べ物に無関心なのではない。ただ視野をずらし，視野にないものを見ることは，食べ物を逸すること以上に，いわば生存上の難事なのである。
> （河本，2010，pp.162-163）

「生存上」とは，大げさに聞こえるかもしれません。しかし，患者にとってこの事態は，世界の一部が欠けているというより，世界そのものの現実性のあり方がそっくり入れ替わっている「難事」なのです。

ここで私たちは，「障がいがあるとは，どのようになりうることか」と，問い直すことになります。思考のヒントを，河本さんは，次のような仮説とともに示してくれます。

それは左側を無視することが，脳損傷状態での意識の維持に同時に内的に関連しているのではないかという仮説である。より極端に言えば，意識は左側を無視することによって，かろうじて自己維持している，という仮説である。左側に注意を向けることは，意識の自己維持にとってかなりの負担であり，その負担を引き受けるのであれば，左側を無視したままの方が，まだ意識の自己維持や生存の適応戦略に適うことになる。別様に言えば，左側の無視は，欠損ではなく，脳損傷状態での意識の最善の自己表現だということになる。(河本，2010, p.163)

視野の欠けた状態で，どうにか自己が維持されています。無理に注意を向けさせることは，自己維持を脅かします。無視を続けていたほうが，かえって，適応的な生存を可能にするのです。

続けて河本さんは，自己維持のための意識の働きについて言及します。

意識は，自己維持のためのみずからの組織化のモードを変え，さらには世界とのかかわりのなかで，意識そのものを維持するための広範な活動を実行していることになる。意識は知ること，何かに向かうことのような知へと向けられた働き以外に，多くの実践的作動にかかわる働きを行っていることになる。脳損傷とともに出現するのは，意識が行う代償機能を含んだ働きである。こうした働きの解明は，ほとんどが課題として開かれている。(河本，2010, pp.164-165)

脳損傷が生じると，代償機能を含んだ意識の働きが出現します。それは，「みずからの組織化のモードを変え」，「世界とのかかわりのなかで，意識そのものを維持するための広範な活動を実行し」，そして「多くの実践的作動にかかわる働きを行っている」のです。

(2) 自己理解ではない，再組織化

ところで，「多くの実践的作動にかかわる働き」は，意識の活動でありながら，しかしほとんどの場合，それじたいは，意識に上りません。そのことを河本さんは，次のように言っています。

障害を生きるさい，生の大半は自分自身にとっても謎である。体験的世界と生との間は，隔たりを計量できないほどのギャップがある。自己理解できることは，実際，ごくわずかである。行為のかなりの部分は，意識に上ることさえない。(河本，2010, p.168)

意識の働きは，「行為」の次元にあり，いわゆる自己意識として意識されることは，むしろ稀です。「生の大半は自分自身にとっても謎」であり，「自己理解できることは，実際，ごくわずか」なのです。

　それどころか，「自己認識」は，自己の組織化の妨げになっている可能性があります。

　理解可能性は，障害を生きるという事態に対して，実際，狭すぎるのである。障害者の多くは，知識としての病識はあるが，みずからの病態を感じ取る病覚が欠けていることが多い。だが病覚をもてば病態が改善する，というのでもない。自己の病理を自覚すれば，そのことが自己の再組織化につながるのではない。認知ということで，患者の病覚を促すような治療は，すでに筋違いの回路に入り込んでいる。自己認識は自己限定の一つであり，意識や思考回路をつうじた，自己の限定的な認定である。こうした認定を行うことが，自己の再組織化につながるとは考えにくい。それどころか意識や思考をつうじて，まさに自己の組織化を抑え込む可能性が高いのである。（河本，2010，pp.168-169）

　「自己の再組織化」とは，ひとたび崩れた自己と世界とのかかわりに，「自己認識」の及ばない実践的行為のレベルで「新たな経験の回路を開く」（河本，2014，p.316）ことです。河本さんは別の著書で，「いっさいの再生は，元に戻ることではなく，新たに自己そのものを形成することであり，既存の能力の復帰ではなく，新たに能力を拡張することが必要となる」と述べ，オートポイエーシスの理論構想からの展開可能性を示唆しています（河本，2014，p.28）。それは，「障がいを生きるという事態」のなかに，「新たに自己そのものを形成」し，「新たに能力を拡張する」プロセスを見いだそうとする探求です。第二の問い，「障がいがあるとは，どのようになりうることか」を巡る探究です。

5　オートポイエーシスの活用

　最後に，オートポイエーシスの理論構想が，今後どのように活用されうるのかについて，簡単にお話しします。河本さんは，次のように述べています。

　私は，この構想が通常の理論ではないことを認めた上で，なお骨子となる確信だ

けを定式化しており，定式化そのものが完備していない点を問題にしていた。しかも，定式化を完備させようとすると，複数の選択肢が出てしまうのである。理論構想としてオートポイエーシスでは足りていない道具立てを設定しているのだから，そこにアイデアを持ち込み展開できる場合だけ，この構想を活用できることになる。

　オートポイエーシスは，その意味で既に確保された水準からどれほど進むことができたかだけが問題であり，創意をもって前に進み続けなければならない。オートポイエーシスはそれがなんであるかを語ることにはほとんど意味がないかたちをしている。なんであるかを語るさいには，どこに解決できない問題が残り続けるのかが明示される必要があり，しかも，解決できない理由は実は人間のもっている数学的，文法的な記述の限界だけではない。そのため，本当の謎はどこにあるのかが次々とわかってくるような仕方で進むしかないのである。(河本，2007, pp. 278-279)

　オートポイエーシスの活用とは，その定式化の不備を補うように進むことです。それによって，新たな経験の局面が見えてきます。このような活用モードは，「理論→検証（演繹）」という思考法に親しんできた人にとって，しっくりこないかもしれません。とはいえここは，頭の切り替えが必要です。<u>子どもの世界経験に固有の経験領域を見いだし，新たな経験の回路を開こうとするなら，「オートポイエーシスの続きを考える」という活用法がありうるのだと思います。</u>

　オートポイエーシスの活用とは，言い換えるなら，この構想から発想される諸問題を分岐点として，さまざまな領域で探求を展開させることです。すでに，社会システムの研究をはじめ（ルーマン，1984/1993)，広範囲にわたる活用例があります。本書では，このあと，こうした展開のひとつとして，「障がい文化」をめぐる問題領域での探究を試みます。

まとめ

　オートポイエーシスの理論構想は，外部観察的に見ていたものを，内部から見たらどうであるかといったような，たんなる視点変更によるものの見え方の違いを強調したものではありません。それだと，「同じ事象」を別様に見ているに過ぎません。

そうではなくて，システムそのものがどう生成されているのかを詳細に調べていったとき，外部観察で捉えていたのとは「異なる事象」がそこにあることを，私たちに教えてくれるのです。それゆえ，外部観察的に見て理解したつもりでいたことが，じつはまったくの筋違いであったということが起こってしまうわけです。

　また，オートポイエーシスの考え方を取り込んでいくと，ものごとを前にした際の「問い」の立て方が変わります。問いを変えると，世界が変わります。考えもつかなかった世界の存在に気づくのです。

第10章
損傷したシステムからの発達

　障がいのある子どもの世界経験を記述するにあたって，前章では，これまで語られることのなかった新たな経験の回路を見いだすために，補助機構として，オートポイエーシスの理論構想を導入する提案をしました。
　システム論としてのオートポイエーシス理論では，作動を継続しながら境界を形成していく，個体化のプロセスが記述されます。この構想をもとに子どもの経験にアプローチしようとした場合，この子たちが「どのようであるか」ではなく，「どのようになりうるか」と問うことが，主要な関心事になります。幼いころから障がいを抱えた子どもが，自己をいかに形成し，組織化していくのかを探求するのです。
　本章では，リハビリの実践を題材に，この問題にアプローチします。損傷したシステムから組織化を開始するプロセスで，この子たちがどういった問題に直面することになるのかを，詳しく見ていきます。

1　システムの損傷と復興

(1) リハビリテーションにおける「自己組織化」

　障がい文化を探求するとき，私たちは，これまでの「欠損モデル」を離れ，「自己組織化モデル」へと転換を図る必要があります。「それぞれの障害児は，それぞれ固有に固有世界を生きているだけである。それを欠損と言われても，障害児にとっては自分のことではないのである。ある意味で大きなお世話である」（河本，2014，p.120）のであって，第Ⅲ部で私たちが着手したのは，この「固有世界」がどのように組織化されていくのかを探る作業でした。
　ところで，自己組織化の仕組みを探究するにあたって，「組織化を起こして

いるシステムそのものとしては、それがどういう事態であるのか」という問いを立てて進むのが、オートポイエーシスの構想でした。前章でも触れたように、自己組織化のようすは外部観察的にも捉えられますが、本書では、システムそのものとしての事態に焦点をあてて追究します。それゆえ、「自己組織化」といった場合、このあともとくに断らない限り、オートポイエーシスの理論構想が念頭にあると考えてください。

　本題に進みます。本章で取り上げるのは、リハビリテーションにかかわる事例です。「リハビリテーションに潜在的に大きな影響をもつ機構は、自己組織化の仕組みである」（河本, 2014, p.337）といわれます。実際、近年のリハビリテーションでは、欠損を補ったり失われたものを元に戻したりすることよりも、患者の自己組織化に焦点をあてた技術開発が進められています。リハビリテーションにおける「自己組織化」について、河本さんからの引用です。

　　自己組織化のプロセスには多くの場面で分岐点（カスケード）があり、分岐点にはそれぞれ選択がある。そして一つの選択がなされれば、他の選択を行うことはできず、またなされた選択の手前に戻ることもできない（非可逆性）。さらに繰り返し同じ状態を維持していたと思われる場面から、突如急に回復が進み、新たな局面へと入っていくこともある（創発）。それはまるでそれまでなかった変数が新たに出現するようなものである。それじたいで動きを続けている系では、加算的、蓄積的ではなく、むしろ局面は一挙に変換する（相転移）。するともっとも有効な自己組織化を引き起こすような治療的介入が課題となる。どこかポイントに当たれば、急速に良くなるような場面があるに違いない。そしてそうしたポイントを見分けるための「リハビリテーションをつうじた病理」があるに違いない。この病理は、欠損や病態の解明ではなく、将来の回復を見込んだとき、どこに介入の必要があるかを指示するような病理学である。（河本, 2014, pp.338-339）

　自己組織化には、「相転移が起きる分岐点がある」（河本, 2014, p.29）といいます。相転移とは、組織が再編する過程で、システムがそれまでとは別の相に移ることです。リハビリでは、そのような分岐点を見分けるとともに、そこに誘導するための手立てを考えます。たんなる欠損や病態の解明ではない、「将来の回復を見込んだとき、どこに介入の必要があるかを指示するような病

理学」です。

（２）**損傷したシステム**

　本章ではこのあと，脳性麻痺の事例を中心に話を展開します。

　脳性麻痺児の自己組織化の仕組みを探究しようとするなら，私たちはまず，この子たちが「損傷したシステムからの発達」を余儀なくされているという事実を確認しなくてはいけません。「障がい」と比べて，「固有の発達」という言葉には，いくぶん穏やかな響きがあります。それだけに，気をつけないと，言葉だけがひとり歩きしてしまいます。

　脳性麻痺は，いまでも，千人に一人程度という出現率を減らすことのできない障がいです。代表的な発症因子は，低出生体重と新生児仮死ですが，最近の画像診断技術の進歩によって，損傷の生じるメカニズムの解明が格段に進みました（日本リハビリテーション医学会，2014）。

　もっとも注目されている病理の一つが，低出生体重に伴う脳室周囲白質軟化症（PVL）です。早産で生まれた子どもは，脳血管の自動調節機能が未熟であるため，血圧低下による虚血に陥りやすいとされます。脳室周囲白質部には，頭頂葉の運動中枢から伸びる神経繊維（皮質脊髄路）があり，虚血によってそこに損傷が起きると，神経経路の連絡が絶たれてしまいます。また，脳室にいちばん近いところを通っているのが下肢を支配する皮質脊髄路であるため，麻痺は下肢に現れやすく，さらに損傷の範囲が広いと，四肢の麻痺にもいたります。

　一方，新生児仮死をおもな原因とする低酸素性虚血性脳症（HIE）は，とくに正期産で起きたときに，システムへのダメージが大きいとされます。仮死蘇生後，脳代謝が正常化するまでに8～12時間を要するといわれていますが，損傷直後には，損傷部位に負荷がかかりすぎないよう，関連する部位，あるいは脳全体の活動性が応急的に下がります。機能解離とも呼ばれ，代謝は低下し，意識レベルも落ちます。脳は，こうした状態から回復した後，ネットワークの構築を再開します。もう一度シナプスを形成しなおすという事態に直面するの

です。

　ごく一部を紹介したにすぎませんが，これが損傷したシステムの現実であり，脳性麻痺の子どもは，ここから人生をスタートさせるのです。<u>「損傷したシステムからの発達」とは，壊れたところを補修すればすむようなものではありません。ことによっては，すべてを失ったところからの復興なのです。</u>

2　抑制機構と身体の変形

（1）抑制的な制御機構

　「損傷したシステムからの発達」をめぐる具体的な話題に入る前に，定常発達の機構について簡単に触れておきます。ポイントは，「抑制的な制御機構」です。河本さんからの引用です。

　　発達の段階区分には，区分の成立そのものに抑制機構が関与していると思われる。余分な動作や運動のさいの余分な緊張が消えて，いつ起動してもおかしくないが通常は抑えられている広範な行為起動可能領域が存在すると予想される。抑制機構は，生命の機構の基本的な部分であり，発達の段階が生じるのは，こうした抑制機構の形成が関与していると考えてよい。…（中略）…発達論の基本は，どのようにして次々と能力が形成されていくかだけではなく，あるいは能力が次々と付け足されるように再組織化されるだけではなく，抑制的な制御機構が何段階にも整備されてくるプロセスでもある。抑制的な制御機構は，観察者からは見落とされがちだが，システムそのものにとっては欠くことのできないプロセスである。（河本，2014, pp. 121-122）

　発達は，「次々と能力が形成されていく」，あるいは「能力が次々と付け足されるように再組織化される」プロセスではなくて，「抑制的な制御機構が何段階にも整備されてくる」プロセスなのです。こういったことは，脳神経系の機構としても示されています。引用を続けます。

　　脳神経科学のデータで明確になったことだが，一つの腕の動きに関して，乳幼児では当初多くの神経系が複数の回路を用いて，その腕を起動させている。それが繰り返される間に，特定の神経部位の起動だけで腕が動くようになる。神経系は当初余分なほどの複数の起動状態を活用するが，それがこなれてくると，特定の神経系

だけに限定されるようになる。この場合には，一般に自動機能化すれば，他の神経系の回路は抑制されると考えられる。(河本，2014, p.122)

　自己組織化の過程は，脳神経系の抑制機構と対応させながら語ることができそうです。次に進みます。

（2）抑制の結果としての身体の変形

　発達が損傷したシステムから始まる場合，自己組織化は，定常発達とは異なる，多様で複雑な様相を見せることになります。

　河本さんは，片麻痺患者の治療経過を例に挙げ，「発達に類似したプロセスを経る片麻痺の患者の治療経過では，健常な部位の脳神経系の活動が過度に活発になり，それが同時に患側の対応部位を抑制してしまい，神経系の再生を遅らせることも知られている」(河本，2014, p.122) と述べていますが，脳性麻痺の子どもでは，そのような問題が，発達のごく初期から現れています。

　たとえば，第6章でもすこし取り上げたGMs（general movements）を観察すると，すでに異常なパターンが見つかります。

　GMsとは，「数秒～数分間続く全身を含む粗大運動であり，幼若な神経系によって内因性に引き起こされるさまざまな自発運動のなかで最も頻回にみられる複雑な運動パターン」（日本リハビリテーション医学会，2009, p.16）です。出生前，および生後数カ月にわたって観察される動きですが，月齢によって，現れる運動パターンにいくらかの違いがあります。

　定常発達の場合，出生前または出産予定日前では，以下のような動きが観察されます。

　全身に及ぶ粗大運動．2～3秒から数分程度持続し，上肢，下肢，頸部，体幹運動の変化に富んだ連鎖がみられる。運動の強さ，振幅および速度は漸増，漸減し，運動の始まり方や終わり方は緩やかである。上肢や下肢の伸展・屈曲運動の連鎖はたいてい複雑であり，回旋が加わったり，しばしば運動の方向がわずかに変化したりする。このような要素が加わるために，運動は流暢で優雅なものとなり，複雑で変化に富んだ印象をつくりだしている。(日本リハビリテーション医学会，2009, p.16)

赤ちゃんの姿が思い浮かぶのではないでしょうか。

ところが，システムに損傷があると，そのGMsに，次のような特徴が現れます。

運動要素の連鎖は単調であり，異なった身体部位の運動は，正常GMsでみられるような複雑な様式では起こらない。

硬直したようにみえ，正常の滑らかで流暢な性質に欠ける。四肢と体幹の筋肉がほとんど同時に収縮し弛緩する。（日本リハビリテーション医学会，2009，p.16）

特定のパターンだけが反復的に現れ，それ以外の動きは，すでに抑制されています。もちろん子ども自身は，この状況を障がいだと知るよしもなく，手持ちの動きをひたすら続けているだけなのですが，これから先の発達は，文字通り紆余曲折をたどることになります。

なかでも，この子たちにしばしば生じる身体の変形は深刻です。変形は，単に不良姿勢を続けることで引き起こされるわけではありません。理学療法士として脳性麻痺の子どもの治療に尽力しながら，若くして亡くなった人見眞理さんは，神経系の抑制機構と対応させつつ，次のように記述しています。

周産期に脳損傷が起こると，身体の内感や運動感などを感じとる機会が減ることになる。そのため身体に筋緊張の異常があってもそれにみずから気づいたり調整する機会もほとんどもつことができなくなる。そのため本人は，たとえば視覚や聴覚など直接的に感覚できるところから行為せざるをえない。誰かが近くを通ればどこへ行くかを見届けようと目だけで追いかけたり，何か音がすればその音がする方向さえ確かめずに喜んだりする。あるいは一方の手が動く場合はその手がもっとも使いやすい身体の構えが生まれる。こうした場合，視覚的注意と眼球運動の連動，音と情動との連動，視界内の動きと手の動きとの連動といった，部分的で単独の連動のみが強化されることになる。

その結果，それらをもっとも有利に用いるために，脳内では他の連携を抑制してまで，視覚と連携するものだけを残そうとする働きが起こる。そうした抑制のなかに多くは身体がふくまれる。すなわち身体は，脳からも本人自身からも目や音や手とは別物として放置されることになる。それは脳内においては，身体にかかわる領域が小さくなり，他の領域との連動が抑制されてしまうことを意味し，本人は身体の在り処も，それが自分のものであることさえも忘れてしまうことを意味する。そうした身体は，その物性によって重力の影響や面との摩擦などを受け，変形してい

く」。(人見, 2012, pp. 207-208)

　抑制によって脳からも本人自身からも見放された身体が，重力や面からの摩擦にそのままさらされることで，変形にいたっている可能性が高いのです。これもまた，自己組織化のひとつの形です。変形は，物理的な姿勢管理だけでは防げそうにありません。

　この分野の研究は，緒についたばかりです。私たちは，この子たちの自己組織化の過程をより詳細に調べ，介入のポイントを吟味しなおさなくてはいけません。

3　ランディング・サイトとその喪失

(1) ランディング・サイト

　自己組織化をめぐってもうひとつ取り上げたいのが，「ランディング・サイト」の喪失事例です。

　「ランディング・サイト」とは，そのまま解釈するなら，「降り立つ」(ランディング)「場所」(サイト)です。河本さんはこれを，「位置を指定する行為」として語り直しています(河本, 2014, p.75)。

　一方，「位置の指定」は，それと同時にさまざまなことがらを出現させるのですが，その仕組みを総称して，ランディング・サイトという言葉が使われています。

　自分自身で世界を捉えるさいにも，認識するものは，ある視点から開けていくパースペクティヴをもちながら，同時に「ここ」(da)という位置を占めている。…(中略)…認知を行うことが同時に世界内でのみずからの「ここ」を指定する働きと同時に進行する。世界内で世界を認知的に捉えると同時に，それじたい世界内で位置を占める。これは「認知のランディング・サイト」もしくは「まなざすことそのもののランディング・サイト」である。これがあるために世界内存在が成立し，世界内での実存が成立する。このとき実は，位置を占めることが同時に世界内での自己を形成することでもあり，位置を指定することが同時に世界とかかわることである，というような典型的な二重作動が生じている。ランディング・サイトとは，

位置の指定と同時にそれとは別のことがらを出現させる仕組みの総称である。(河本，2014, p.77)

　私たちは，物を認識するとき，同時に自らの位置の感触をもつようになります。これが，「認知のランディング・サイト」「まなざすことそのもののランディング・サイト」です。

　そのあとの，「世界内存在が成立し，世界内での実存が成立する」といった言葉遣いが難しいのですが，ここでは「自己（の存在）が成立する」という程度に考えておいてください。自己にしても，世界のなかに自らの位置が定まるからこそ成立するのです。このとき，「位置を占めることが同時に世界内での自己を形成することでもあり，位置を指定することが同時に世界とかかわることである」といったように，<u>一つのことがらが同時に別のことがらを出現させてしまう「二重作動」</u>が生じています。ここでは，「ランディング・サイト」が，二重作動のなかでもとくに，位置の指定と同時に別のことがらを引き起こしてしまう仕組みを総称する概念として提示されています。

　ところで，河本さんは，ランディング・サイトに，もう一つ，「身体そのものに生じるランディング・サイト，すなわち触覚のランディング・サイト」（河本，2014, p.79）を加えます。

　身体は，ここという位置の感じ取りを基本にして成立している。ここを感じ取ることが，世界内でどう動くかの予期を同時に起動させる。身体各部位の運動を可能にするものこそ，触覚のランディング・サイトであり，その部位の位置を感じ取り，その起動可能性を同時に感じ取るのである。（河本，2014, p.78）

　「ここという位置の感じ取り」は，第9章第1節で述べた「腰や下肢で踏ん張る」感触に，その始まりがあると考えられます。生後4，5カ月の赤ちゃんは，腹臥位にすると，肘や手掌を床につけて体幹を持ち上げる「安定腹臥位」を獲得します。このとき，腰や下肢に働く重心ベクトルは，重力に抗して床を踏みしめる方向に向かっています。そこで生じる「腰や下肢で踏ん張る」感触は，腹臥位での「位置の感じ取り」を確かなものにし，空間内での身体各部位の動きを可能にします。「身体が世界内でどう動くかの予期を起動させ」「身体

各部位の運動を可能にしている」のです。「触覚のランディング・サイト」の誕生です。

（2）ランディング・サイトの喪失

ランディング・サイトという題材をここで取り上げたのは，システムの損傷によってそれが失われ，身体の操作性だけでなく，自己の形成や外界とのかかわりに，根本的なところでつまずいている子どもがいるからです。

人見さんは，このようなタイプの子どもを「ランディング・サイト喪失群」と名づけていました。「本人はみずから場所を指定することができず，結果的に「どこにも居場所がない」，「どこに居ればよいのかわからない」といった状態にならざるをえない者がいる」（人見，2012, pp.205-206）といいます。このくだりを読んだとき，何人もの子どもたちの顔が浮かんできました。

ランディング・サイト喪失群について，どのような事例か，人見さんの本から引用します。臨床像の記述としてたいへんすぐれているので，ほぼ原文のまま紹介しますが，理解を助けるために少しずつ区切り，私自身の臨床経験を差し挟みながら解説します。

　定頸し平衡機能も適切に獲得されることが多い。そのためある程度さまざまな姿勢をみずからとることができ，椅子座位にされればどこにも寄りかかることなく，まるで世界のどの面も信用できないかのように，床にさえ触れることなく，座位を保つことができる。しかし多くは椅子に座ったり，あちこち動き回るよりは床上にいることを好む。
　言語は獲得されないことが多く，何らかの要因で感情が動いては，その表現であるかのように動きが起こる。獲得され，強化される動きはさまざまである。稀に上肢と臀部だけで目指す場所なく移動することもある。しかし移動ができないほとんどの者は，床に頭を打ちつけたり自身の手を噛んだり着ているものを破いたりする。…（中略）…たまたま近くにある（またはいる）物や人に手を伸ばすことはあるが，目的は不明である。下肢よりも上肢および上半身を使う場合が多く，上半身は体格が発育し，下半身は非常に華奢になる。（人見，2012, pp.352-353）

定常発達の子どもは，安定座位が獲得されるころには，寝返りやずり這いを

はじめとした移動運動が活発になるのですが，それがほとんど見られないのがこの子たちの特徴です。立位，歩行にいたるごく少数の子どもでも，その場に立ちすくみ，手を引かれてようやく動きだすのです。多くの子どもは，周りの大人が特段のかかわりをもたなければ，床に座ったままです。

　以前から私は，こういった子どもをどう理解してあげたらいいか，思案をつづけてきました。意欲の欠如ということで片付けられないのは明白ですが，ランディング・サイトの喪失という事態を想定することで，たとえば「腰や下肢で踏ん張る」感触が産出されずにいる状況が見えてきました。それゆえ，移動運動も含め，「世界内でどう動くかの予期を起動させる」ことができないのです。

　私たちは，すでに客観的な空間を経験していますが，ごく幼い子どもは，その存在さえ知りようがなく，またそれを獲得するという目的もないまま，日々ひたすら手持ちの動きを作動させています。とはいえ，定常発達の子どもの場合，そうした動きを継続させることで，動きに応じた空間を形成していきます。「動作の継続が作り出す軌跡は，派生的にそれ固有の空間を作り出すと考える方がよい。動作は空間のなかを進行するのではない。むしろ空間は動作とともに動作をつうじて出現してくる」（河本，2014，p.250）のです。ランディング・サイト，とりわけ「触覚のランディング・サイト」を喪失しているこの子たちは，「動作とともに動作をつうじて出現してくる空間」を作り損ねています。この子たちには，空間という「現実」が成立していないのかもしれません。動く先に空間がなくては，動きようがありません。

　一方，身体的な発育も阻害されています。骨盤の発育が乏しく，下半身がとても小さく見えます。この腰でよく座位の保持ができるものだと，不思議に思うほどです。

　すでに学齢前から側彎（そくわん）が強く出ていて，身体が大きくなるにつれ，座位をとるのが困難になることがあります。そのような場合でも，他動的に姿勢を整えてあげると，いくぶんかの側彎を残しながらも，すこしのあいだ座位保持が可能です。しかし，見た目では座位がとれているものの，それは，「その場に置

かれただけの」，あるいは「つくられたような」座位姿勢なのです。骨盤は，起こしてあげれば起き，側彎に伴う背中の出っ張りは，押し込んであげると一時的に補正されます。また，わずかにバランスもとるのですが，補助をはずすと，元のゆがんだ姿勢に戻ってしまいます。

　上肢の可動域は確保されているものの，物を手にすることはほとんどなく，宙を舞うような動きを繰り返していたり，顔や頭をかきむしっていたりします。

　意識の緊張は非常に高い。とくに他者に至近距離で対面されると，緊張をみなぎらせた動きが多くなる。すなわち彼らの意識は，世界と対峙する場面で硬直する。彼らは，刻々に変化する世界に目と耳を奪われながらも，世界との関係性を構築する方法がわからないままである。したがって彼らの意識の緊張は，自分自身がいまここに在るということの説明のつかなさを感じとっている者のそれではないかと考えられる。

　…（中略）…彼らの多くは，言葉を話さないか，特定の状況に対して定型的に言葉（オハヨウ，バイバイなど）を記憶するのみである。しかし視線や振る舞いで訴えることができ，こちらはある程度彼らの心情を察することができる。

　意識の働きは主に記憶であり，他者が知っている者かどうかを見分け，見知った者であっても母や家族以外には心から親和的にはなれないようである。知らない者や場所に対しては強い意識緊張が見られ，身体の硬直や母から離れられないなどの様子が見られるが，ほとんど泣かない。

　彼らの足は，世界との関係性を構築するというよりは，みずからを支えるためにだけ使われている。彼らもまた自分自身の現状と目に見える世界の様子が了解できない戸惑いのなかにいる。年少であっても，ときに彼らは哀しみや嘲りの表情さえ浮かべることがある。（人見，2012，pp. 353-354）

　この子たちは，しばしば「機嫌が悪い」ように見えます。歯ぎしりを続け，表出言語のある子どもでは，怒ったような口調で「こらー」「だれよー」といったストックフレーズを繰り返しています。

　しかし，これは警戒感の現れです。こういうときは，何を話しかけても，かえってそれが引き金になって，意識緊張を高めてしまいます。

　彼らのリハビリは困難であるが，少しでも彼らの動きと同期させるようにし，彼らにもみずからの動きを他者に合わせるという調整を求めていくことは，少なくとも必要であると思われる。しかしみずからの居場所を得られないという点を誰にも

顧みられずに放置されるに至って閉域となる。彼らとのかかわりの困難さに周囲がかかわりを諦めたり，誤ったかかわりを行うことから彼らが閉域に至ることがもっとも多いと考えられる。(人見, 2012, p.354)

　現段階では,「閉域に至る」子どもへの介入は, 手探りのままです。ひとまず私は, 子どもの記憶に登録されているであろう, 私とのやりとりを想起してもらいます。「佐藤先生が来ましたよ」「気持ちよく座ってみようと思うのですけれど」と声をかけ, しばらく待ちます。動きの練習に取りかかるのは, それからです。

まとめ

　本書では,「そもそも, 捉えたい子どもの実態とは何であるか」を問題にしてきました。

　実態把握といわれる営みのほとんどは, これまで, 発達の結果を測定する発達検査や, できるできないを見る外部観察によって, 子どもが「どのようであるか」を捉えるに留まっていました。

　一方, いま私たちが着目しているのは, 損傷を受けたシステムがいかに再組織化し, また, 創発・再生していくかです。子どもが「どのようになりうるか」を調べることこそが, 探究の向かう先です。抑制機構やランディング・サイトの形成不全といった事態が, 子どもの発達に何をもたらし, どういった固有の「現実」を子どもにもたらすことになるのか。本章で明らかにされたような事実が,「捉えたい子どもの実態」の一部です。

第10章　損傷したシステムからの発達

☕ コラム　記録について

「子どもの意識に現れる経験」を取り出すには，一定の技術がいります。

脳性麻痺の子どものリハビリ場面を想像してみてください。

たとえば，子どもを立たせようとする場合，立ち上がる動きの感触がどれだけ想起されているか，また左右の脚で踏ん張っている感触がどれくらいあるかといった，その子が感じているであろう身体感覚をリアルタイムでなぞります。うまく立てたときは，私がなぞっている子どもの経験と実際の子どもの経験とが一致しているのだと思います。一致しているというより，立つというひとつの経験を，子どもと共同でつくっているといったほうがいいかもしれません。

反対に，うまく立てなかったときは，子どもの経験を，私がたどり損ねています。立ち上がるまでの間，どこかの時点で，子どもはどうやって立ったらいいかわからなくなっているはずです。それを見落としている。私の意識に現れる経験が，子どもの経験から離れてしまっているのです。

リハビリと同様の事態は，学習障がいがある子どもの横について，書字や筆算の練習をさせる場面でも起こっています。文字を書かせるとき，私は，息をひそめて，子どもの運筆を一画ずつたどるように見届けています。筆算の練習も，いまどの数字を見ていて，それを足そうとしているのか引こうとしているのか，そしてどこに答えを書こうとしているのか，子どもの一挙手一投足をなぞっています。このときも，もはや子どもの経験と私の経験との区別がつかない，ひとつの経験が進行しています。

ところで，記録をとるというのは，こうして子どもと共同で創造した経験を，正確に書きしるすことだと思います。そのような記録には，外部観察によって「客観的に」書いたとされる内容よりも，はるかに実際の子どものようす，つまり「子どもの意識に現れる経験」が映し出されています。

第11章

動作の創発

　システムの生成について，ここまで，オートポイエーシス，自己組織化といった構想を補助機構として取り込みながら探究を進めてきました。
　前章では，きわめて未成熟な脳にトラブルが生じた脳性麻痺の事例を取り上げ，この子たちが固有の自己組織化を進めているようすを記述しました。
　本章も引き続き，自己組織化がテーマです。オートポイエーシスの考え方を傍らに，あらたな動作が創発される仕組みを，脳性麻痺リハビリテーションの現場で蓄積されてきた実践知を材料にして語ります。理論としては体系化されることのなかった実践知，これをリハビリの「熟練技」と言い換えてもよいのですが，それらのなかには，脳性麻痺の子どもたちが，いかに動作を組織化し，みずからの動きをつくっていくのかを解明するヒントがいくつもあります。

1　脳性麻痺のリハビリ

（1）リハビリの歴史

　本章のテーマは，脳性麻痺の子どもが「そのつどの」動き（第9章第2節参照）を創発する仕組みです。探究にあたって，貴重な素材を提供してくれるのが，リハビリテーションの現場です。

　はじめに，すこしだけ，国内における脳性麻痺のリハビリ史をお伝えします。
　脳性麻痺の定義は，1968年に当時の厚生省によって定められ，それが今日でも使われています。すでにこの時期から神経発達的アプローチ（ボバース法に代表される脳性麻痺のリハビリ体系）が輸入されはじめ，急速に広がりました。

また，成瀬悟策・大野清志らが独自に開発した動作訓練法（心理リハビリテーション／動作法）は，おもに教育の現場で普及しました。こうした訓練法の導入は，それまで「諦めてください」と医師から告げられていた親たちに，希望をもたらしたのでした。

その後，整形外科的治療，装具治療，ポジショニング，姿勢ケア，薬物治療といった介入手法が次々と提案され，改良されていきましたが，やがて時代が治療のエビデンスを強調するようになると，介入に対する客観的な評価が求められるようになりました。世界中の研究者が，懸命に治療のエビデンスを示そうとしたのです。

しかし実際，出てきた結果は，期待されていたほどのものではありませんでした。それどころか，一部の専門家からは，「脳性麻痺は治らなかった」といった表現で，それまでのリハビリに対する反省が強く促されました。1980〜90年代のことです。

（2）反　省

肯定的なエビデンスが示されなかった事実から，私たちは大切なことを学びました。

研究手法の側面から考えると，効果がデータになって現れなかった大きな理由は，変化を見る測度として，おもに正常児の運動発達チャートが用いられたことにあります。脳性麻痺児の運動発達経過がチャートと合致していないことを踏まえるなら，使う物差しが適切でなかったことは明らかです。

問題は，それだけでありません。そもそも，そのような測度を採用したことの背景には，いわゆる「正常化」を図ろうするリハビリの考え方がありました。正常な運動発達の経路というものを想定し，そこに乗せるように発達を促進するとともに，そこから逸脱する反応を抑制するというのが，伝統的な神経発達的治療の考え方であったわけですが，それ一辺倒の訓練には無理がありました。というか，無理だったということがエビデンスとして示されたと考えるべきです。

動作訓練法の場合も同様です。「意図―努力―身体運動」といった動作制御の心理過程を想定した理論は、近年の脳科学で明らかになってきた知見からすると、すでに古くなっています。それ以上に問題なのは、訓練の基本単位であるモデルパターン動作の「扱い」です。

動作訓練法では、動作不自由の状態にあわせて、さまざまなモデルパターン動作が訓練課題として用意されています。しかし、それらのモデルパターン動作は、正常児の運動発達チャートにある項目そのものではないにせよ、動きに不自由のない人の動作をもとにしてつくられた、いわば「正しい」動きです。それをそのまま求められても、脳性麻痺の子どもには対応できません。「正しい動きを、きちんと練習させる」ためにモデルパターン動作を使うといった「扱い」がなされてしまうと、子どもは困るわけです。

(3) 熟練技のなかにあるヒント

実際、そのような「扱い」は、かなりあったのだと思います。とはいえ、私たちのしてきたことすべてが誤りだったかというと、けっしてそうではありません。

リハビリのさなかでは、理論から離れた実践的な次元で、さまざまな工夫がこらされてきました。お決まりの訓練メニュー（モデルパターン動作）を提供しながらも、子どもができそうな動作を、随時その場で考案しています。「正しい動きを、きちんと練習させる」のとは違った「扱い」です。すると、何かのきっかけで、予想もしていなかった動作が創発されるのです。

こうした「熟練技」のなかにこそ、動作が生成される過程を解明するヒントがあると、私は考えています。それは、子ども自身が「そのつどの」動きをつくっていく、自己組織化のプロセスです。このあと、以下のキーワードとともに、記述をつづけます。①感触と気づき、②動作の区切りと記憶、③二重作動です。

2　感触と気づき

（1）隙間を開く

　脳性麻痺の子どもの動作は，「一気に進んでしまう」印象があります。それをどれだけ遅らせられるかが，リハビリの成否を分けます。「反射的な反応から，心がそれじたいのなかに選択肢を含むような働きが出現するためには，一時的な保持と作動の遅れが必要となる」（河本，2014，p.284）のです。そこで，私たちは，子どもと動作とのあいだに「隙間」をあけるようなかかわりをしてきました。「さまざまな働きの選択のための隙間を開くことは，高度な調整能力の一つである」（河本，2014，p.280）からです。

　脳性麻痺の大半は，痙直型です。痙直とは，たとえば，力を込めて肘を屈曲させているときに，それを伸ばそうとしたとたん，たちまち肘が伸びきってしまう現象を指しています。屈曲—伸展の間で動きが一気に進行してしまい，その中間で保つことが困難であることから，しばしばジャックナイフの刃が鞘から出入りするようすにたとえられてきました。

　こういった動作の遂行プロセスに「遅れ」をもたらす手立てが必要なのであり，リハビリではいくつもの技法が試行されてきました。ポイントは，「感触」と「気づき」です。動作の感触をつくり，気づきを生じさせることで，隙間を開きます。河本さんからの引用です。

　進行する動作の感触は，およそ動作が「こんな感じ」という場合の輪郭を感じ取っている。こうした感触とともに，また感触をもとにしながら，気づきが起動する。気づきは，基本的には実践的調整能力であり，動作や運動を認知的に知る能力ではない。運動のさなかで運動を感じ取る。これが気づきの基本的な働きであり，運動を知るのではなく，知ることの一歩手前で，すでに調整能力として働いている。（河本，2014，pp.14-15）

　「こんな感じ」という動作の輪郭が，動作の「感触」です。その感触とともに，そしてその感触をもとにしながら，「気づき」が生じます。気づきとは，

「運動のさなかで運動を感じ取る」実践的調整能力です。これがあるからこそ，屈伸の途中で，動きを緩めたり速めたりする選択が可能になるのです。

（2）現実性

「感触」と「気づき」は，自己に「現実性」をもたらします。「それとして感じ取られているものはまぎれもなく成立している現実性である」(河本，2014，p.17) といいます。感触や気づきが現れると，運動，位置，距離にかかわる体性感覚的な要素が産出されます。それらがみずからの空間を構成し，「触覚性現実」をつくりだすのです。

さらに，「作動を維持しているという感触が生まれたとき，主体の輪郭が出現する」(河本，2014，p.324) のです。私たちはそういう感触を子どもに備えてあげようと，リハビリをつづけてきました。

3　動作の区切りと記憶

（1）区切り——動作の起点をつくる

第二のキーワードは，「区切り」です。河本さんは，「区切り」について，次のように述べています。

> 動作には，ひとまとまりの区切りがある。歩行も寝返りもまばたきも，動きに一まとまりの区切りがある。この区切りをさらに細分化しようとすれば，動作とは別のものになってしまう。こうした区切りの反復が，動作である。(河本，2014，p.250)

リハビリにおける「区切り」とは，動作の「はじまりとおわり」の設定です。「はじまり」の設定は，動作の起点を整えることです。脳性麻痺の子どもが，起点を得にくい理由はさまざまです。リハビリをいやがる子どもは，そもそも「はじまり」を拒否しています。リハビリじたいは受け入れている子どもも，ふだん経験しない不安定なポジションに置かれると，身体の制御を失い，起点がもてなくなります。また，動作の分節化が困難な子どもは，どこかに起点を

定めてあげないと、どんな動作をどこから始めたらいいのかわかりません。

こういう子どもたちに対して、私たちは、その子が安心して身体をあずけられる状況をつくります。拒否が強い子どもには、「痛いことはしない」「苦痛を与えない」ことがわかってもらえるよう、手立てを尽くします。また、静止が難しい子どもの場合、たとえば膝立ちをさせようとするときに、両膝を床につけて膝立ちの格好をとらせた後、指導者は子どものおしりの位置に膝をあて、そこにいったん腰掛けさせます。起点の設定です。練習の途中で姿勢が崩れてしまったときは、起点位置に戻します。不安定な姿勢のまま修正を促すより、はじめからやり直させたほうがうまくいきます。動作がいったん途切れてしまうと、再開するにしても、どこを起点にしたらいいか、子どもにはわからないのです。

（2）区切りと言語──おわりを教える

一方、「おわり」を教えるさいには、熟練したセラピストの多くが、言語を利用しています。これまで私は、リハビリで用いる言語を、あくまで補助的なものと考えていたのですが、そうではないようなのです。河本さんは、理学療法の治療場面を取り上げ、言語を動作に連動させることの意義について、次のように述べています。

> 人見眞理が未満児の発達障害児の治療を行うさいにも、身体動作の治療訓練とともに、際限なくぶつぶつと障害児に向かって言葉を発し続けていた。保護者が傍らで、この子には言葉はまだ通じませんと言っても、言葉を語り続ける。ここには言語を語りながら、訓練のための課題を設定することが、脳神経系の形成にとって有効であるという確信がある。もちろん言語が身につくことはなく、言語的な対応を要求しているのではない。だが言語を語り続けることによって、脳神経系に身体、認知を含んだエクササイズを課すさいに、補助機構として、言語を連動系とするように動かし続けるのである。言語的発話が可能になるためには、健常幼児でも一年近く必要である。だがこれは運動性の発語能力の形成が必要なためで、語の分節や意図の感じ取りはずっと早く、生後4ヵ月から6ヵ月程度でも可能になっているという指摘がある。言語的規則は、諸感覚の働き、とりわけ内感領域の分節に共作動

していると考えられる。内感領域は，痛み，快―不快のように見て知るのとは異なる仕方で感じ取られており，それじたいは容易には分節しない。内感領域の分節そのものに言語が関与しているのだとすると，言語とともに進行する経験の形成があることになる。（河本，2014，pp.297-298）

「言語とともに進行する経験の形成がある」，つまり言語によって，分節のなかった動作に「区切り」ができるのです。区切られた動作の感触は，子どもに新たな経験を形成します。

さらに河本さんは，「経験を閉じさせる」という言語の活用法を示すとともに，それが経験を前に進めるために必要なのだといいます。

身体動作の訓練では，訓練の途上でなにか収まりのつかないものが生じる。経験にかたちをあたえるさいに，ともかく経験を閉じさせるために言語を活用するという仕方がある。いわば身体や動作の収まりのなさを語りつくすことをつうじて，再組織化するのである。…（中略）…経験は，境界を形成し，そのことによってみずからを閉じるという局面を経なければそれ以上前に進めないことがある。…（中略）…閉じるということは経験の内外区別を行い，さらに分節できる場所を確保することである。経験が前に進むためには，あるいは停滞した経験を変容させるためには，別の視点を採用したり学んだりするのではなく，おのずとみずからを閉じることが必要である。この閉じるという経験の行為のために，言語的表記はまたとない技法をあたえてくれるのである。（河本，2014，pp.298-299）

閉じることは，「おわり」を教えることでもあります。ここでも，言語が活用されます。

そして，「経験が前に進むためには，あるいは停滞した経験を変容させるためには，…（中略）…おのずとみずからを閉じることが必要である。」というこの指摘は，私たちの経験が創発されるときに共通する，原理的な何かを言い当てている気がします。どこかでいったん閉じないと，先には進めません。

（3）記憶の働き

動作の自己組織化には，「記憶」の働きが欠かせません。区切りをつくるのも，動作の感触が記憶としてとどまるために必要だからです。区切りがなければ，動作の取り込みは困難だと思われます。動作に形を与え，登録できる単位

をつくろうとしたのでした。

　ところで，人間の記憶は，人の行為を支えながら，それじたいで組織化していくひとつの活動システムであると，河本さんはいいます。

　記憶とは，行為を支え，行為とともにある潜在態であり，他の変数との関連でそれじたいで組織化されるシステム活動態である。(河本，2014，p. 195)

　登録ひとつにしても，「登録は単なる書き込みではなく，再配置や再編をともなう一種の組織化の働きを含む」(河本，2014，p. 163)のです。脳性麻痺の子どもが，定常発達の動きを容易に取り込めないのは，固有の組織化がなされているシステムにそれを再配置し，動作の再編を図るのが困難だからです。ときには，登録じたいが防衛的に拒否され，すでに定着している動作の自己維持を優先する方向に組織化が進んでしまうこともあります。

　保存や想起についても，同じです。

　保存のさいには最低限選択的な保存が行なわれ，多くのことは忘れ去られるのであり，保存されたものは，まさに保存という行為によって組織化され，さらに後に想起をつうじて再度組織化される。(河本，2014，p. 188)

　脳性麻痺の子どもは，モノや人との関係のなかで独自の動きを作り出し，それらを選択的に保存しています。脳性麻痺当事者である熊谷晋一郎さんは，著書『リハビリの夜』で，次のように書いています。

　一人暮らしを始めてから私は，その後もモノや人との関わりの中で，手探りで私の身体の動かし方というものを次々に生み出してきた。たとえば，机の上に置かれたコップを手に取るとき，私は過剰な身体内協応構造によって，手のひらをコップのフォルムに合わせて変形することが難しく，多くの人たちと同じようにはコップを持つことができない。つまり，他人がコップを持つときの動きを想像的に取り込むだけでは対応できないのである。私には他人の動きを参考にしつつもそれをアレンジして，基本的には試行錯誤によって，私の体の条件とコップの形や材質とをすり合わせるように，可能なコップの持ち方を探ることが必要だった。その結果，両手の甲でコップをはさむようにして持つという，オリジナルな動きが生まれた。(熊谷，2009，p. 173)

　「体の条件とコップの形や材質とをすり合わせるように，可能なコップの持ち方を探る」ことによって，自らにもっとも適した動きが選択され，保存され

ます。これが保存という行為であり，動きの組織化を担っています。

　自己組織化は，想起によっても支えられています。なかでも，「感触の想起」が，動作の組織化と深くかかわっています。河本さんは，次のように述べています。

動作にともなう「こんな感じ」という感触の想起がある。それは身体に感じ取ると同時に運動性を含む輪郭的な像イメージをともない，身体行為にとって決定的な手かがりをあたえる。（河本，2014，p.167）

　感触は，それじたい，像のようなものとして想起されるわけではありません。また，現に行為として起動している手続き記憶とも違います。感触は，それ単独では想起されず，「像や実際の動作にともないながらなお別のモードとして作動している」（河本，2014，p.165）といいます。

　実際，「こんな感じ」という感触の想起は，動作の遂行や調節に，なくてはならないものです。長くお付き合いしている脳性麻痺の人たちは，私とのあいだでたくさんの動きをつくりだしてきました。成人を迎えてから久しいかれらをリハビリに連れてくる親たちは，「この子は，佐藤先生に会うと，よく動くのですよ。家では，ごろごろしているのですけれど。」と話してくれます。私の姿を見ると，動く感触がよみがえるようなのです。

　もちろん，感触があっても，その通りに動けるとは限りません。とはいえ，かつてしてきた動きの感触が想起されるからこそ，成人期以降の機能維持がなされるのだと思います。それどころか，かえって大人になってからのほうが，動きが活発になる例も少なくないのです。動作の再組織化が起こっていると考えられます。

4　二重作動

（1）経験の可動域を広げる

　リハビリの中心的テーマは，システムがいかに「経験の可動域」を広げられるかです。脳性麻痺の子どもは，運動学的な関節可動域もさることながら，動

作のレパートリーがきわめて限られています。リハビリでは，それを一つひとつ増やしてあげることで，「経験の可動域」を広げていきます。

そのさい，私たちがしばしば利用してきたのが，「二重作動」の仕組みです。

二重作動は，一つの運動が同時に質的に異なる別の現実を出現させてしまうものであり，世界の多様性の出現にかかわる基本的な仕組みだと考えられる。（河本，2014, p. 360）

<u>「一つの運動が同時に質的に異なる別の現実を出現させてしまう」というのは，システムからすると，いわば想定外の事態が起こるということです。このとき，システムには「世界の多様性」が出現しています。図らずも，経験の可動域が広がり，能力が拡張しているのです。こうした出来事をもたらす基本的な仕組みを備えているのが，二重作動です。</u>

（2）リハビリにおける二重作動

脳性麻痺リハビリにおける，二重作動の例を紹介します。

小4の痙直型四肢麻痺児で，頸はすわっているものの，ひとりで座位がとれない子どもです。あぐら座位をとらせると，顎が上がって背中が丸まり，両膝を床から浮かせて，骨盤が後方に傾きます。この状態で，「背筋を伸ばしてごらん」「腰（骨盤）を起こすのですよ」と指示しても，子どもは動けません。また，バランスをとらせようとすると，各部位の動きがばらばらになってしまい，収拾がつかなくなります。

こういうときは，床に接触しているおしりと脚のつけね，リハビリでは座面といいますが，そこに意識を向けさせます。浮き上がっている膝頭から太ももにかけての部分に私の手を差し込み，「佐藤先生の手を踏んづけるよ」と指示します。そうやって，おしりと脚を床にぴったりくっつける感触を誘導します。座面を広げるイメージです。

このような感触に意識を向けさせることによって，傾いていた骨盤が起き，体幹がまっすぐに保たれます。ときには，しばらくの間バランスをとって座れることすらあるのです。

人見眞理さんは，このような練習方法をいくつも考案し，それらを「デュアルエクササイズ」と呼んでいました（人見，2012, p. 322）。脳性麻痺の子どもは，一つの課題動作だけに注目させると，過度に意識緊張を高め，パフォーマ

ンスを低下させてしまいます。そこで，制御が容易な動作を遂行させながら，レパートリーとして定着させたい別の動きを出現させるのです。そのほうが，リハビリはうまく運びます。「意識の本性は，注意の分散であり，焦点的な注意を解除することが個々の場面で必要となる」(河本，2014，p. 350)といいます。動作の創発には，注意の分散が必要です。

　ひとりで座れてしまったとき，びっくりしているのは子ども自身です。想定外の出来事が起こっているのですから。ここで本人にバランスをとらせようとすると，意識緊張が強まり，たちまち姿勢は崩れてしまいます。そんなときは，はじめからやり直しです。こうしてリハビリをつづけるうちに，やがて動作は自動化します。

　障がいのある子どもの保育や教育に携わる人のあいだでは，「できないことはさせない」という暗黙知があります。それに対して，「ならば，できないことはどうやったらできるようになるのか」と尋ねられることがあります。答えのひとつが，二重作動の仕組みに求められそうです。

まとめ

　子どもの動きを外から眺めて設定されるリハビリの課題動作と，子ども自身が創発する動作とは，しばしばすれ違っています。それゆえ，リハビリ場面でできていた動作が，日常生活ではまったく使われないということが起こるのです。

　本来リハビリは，その子ども固有のモードにあわせた動作の創発を促してあげないといけません。にもかかわらず，そのことがあまり言われてこなかった気がします。多くのリハビリ理論では，標準的な動作獲得の連続性ばかりに目が向けられてきました。

　一方，実際のリハビリ場面では，必ずしもそうではなかったように思います。熟練したセラピストは，ほとんど無意識のうちに，一人ひとりの子どもに応じた動作の創発方法を工夫していました。その子にできる「そのつどの」動作を，丁寧に見つけてあげるのです。子どもにしてみれば，できそうな動作の感触が想起され，できさてしまうのです。本章では，そんな技のいくつかを取り出しました。

第12章
認知行為による世界とのかかわり

> 　第Ⅲ部では，障がいのある子どもの自己組織化のありようを，オートポイエーシスの理論構想に沿いながら探ってきました。子どもがいかに「経験の可動域」を広げているのか，あるいは広げ損なっているのかに，捉えたい子どもの実態を見ようとしたのです。
> 　前章は，「動作の創発」がテーマでした。脳性麻痺の子どもが，損傷したシステムを出発点にして，どのように動きを創発し，再編していくのかを記述しました。
> 　本章では，自己組織化にかかわる問題を，「認知行為」といった領域に広げて検討します。認知が成立しているときは，必ずしも主体が関与しないところで，すでに「世界とのかかわりを組織化するような一つの行為」が働いています。それが，「認知行為」です。
> 　ここでは，認知行為を代表する「注意」と「記憶」を取り上げます。障がいがある子どもの場合，主体的・意識的レベルでの認識活動というよりも，「認知行為」としての「注意」や「記憶」の働きのまずさゆえに，世界とのかかわりに困難が生じています。

1　認知行為

（1）「主体」から考えない
　障がいのある子どもが，世界とどうかかわろうとしているのかを探究するときに，「主体的」「意識的」という言葉をいったん棚上げしたいと思います。探究の範囲を，主体的な活動経験や意識に現れる経験に限定してしまうと，捉えたい子どもの実態に届かなくなるからです。

そう考えるようになったきっかけの一つが，脳科学との接触でした。近年の脳科学テキストには，人の意識に先だって，すでに脳が行動を起こす準備を始めているとするエビデンスが示されています。

　主体（agency）とは，自分の行動を自分で支配しているという感覚である。行動は私たちの意識が起こしているように感じられるが，これは間違っているようだ。ベンジャミン・リベットの有名な実験によって，ヒトの脳はその人が意識的に行動しようとする前に，無意識のうちに動作を計画し遂行することが明らかになった。これは，私たちの主体の感覚と「意思」の決定が錯覚であることを示す説明として，しばしば用いられる。（カーターほか，2009/2012，p.189）

　意識的な行動は，動こうという決断の結果生じているように感じられますが，そうではないらしいのです。行動を遂行しようとする意思や決断といったものは，無意識のうちに脳が企図し実行したものを，あとから認識しているだけかもしれないのです。

　昼食を何にしようかと迷ったあげく，ハンバーガーを食べに行くことにしたとします。このとき，いっけん自分の意思で決めたようにも見えますが，そう決まったのは，たんに昨夜見たCMの残像が記憶に残っていたからだとはいえないでしょうか。脳内では，すでにハンバーガーショップに向かう準備が整っていて，それを自分の意思だと思い込んでいるだけかもしれません。

（2）認知と行為とが連動する

　世界とのかかわり方を探る手がかりとして，主体や意識の代わりに，「認知行為」を取り上げます。自己組織化をめぐって，本書で多くの示唆を与えてもらっている河本英夫さんによれば，「認知には，その成立がすでに行為と連動している広範な領域」があって，そこで働く作用が「認知行為」であり，「世界は，認識によって捉えられるようなものではなく，むしろ認知は世界とのかかわりを組織化するような一つの行為である。」（河本，2014，p.24）のです。

　私たちは通常，世界を認知し，得られた情報をもとに行動を起こすといった，継時的・線形的なプロセスを想定しています。しかし実際，認知が成立してい

るときというのは，必ずしも主体が関与しないところで，すでに「世界とのかかわりを組織化するような一つの行為」，すなわち「認知行為」が働いています。それを代表するのが，このあと解説する「注意」と「記憶」です。私たちは，周囲のものごとを「認識」するのに先立って，「注意」や「記憶」の働きによって，世界とかかわってしまっているのです。

　障がいがある子どもの場合，いわゆる主体的・意識的レベルでの認知や行動よりも，むしろ「認知行為」のまずさゆえに，世界とのかかわりに困難が生じているように思います。

2　行為としての注意

（1）現実性の個体化

①遂行的注意

　「行為に連動する認知のなかでもっとも重要なものは，注意である。」（河本，2014，p.69）といいます。理由のひとつは，第9章第3節でもお話ししたように，人が注意によって「現実」を成立させていることにあります。私たちは，外界にあるものが何であるかを知る前に，漠然とそこに何かがある，何かが起こっているという「現実性」に直面しています。河本さんは，それを次のように記述しています。

　真暗闇のなかを歩いているとき，足先に何かがあると感じられる。それが何であるかはわからない。そのとき足先に何かがあるという現実が出現している。あるいはそうした世界が個体化している。これは知る働きではない。何であるかを知るためには，知るものが個体化していなければならない。知ることの一歩手前で現実性の個体化（個物化ではない）が成立していなければならない。これは現実性の成立と対になった働きで，遂行的注意である。行為の継続をつうじて同時に組織化されているのが，現実性の個体化である。知覚は，これにずっと遅れて起動する。（河本，2014，pp.69-70）

　知ることの一歩手前で成立しているのが「現実性の個体化」であり，それは現実性の成立と対になった働きで，「遂行的注意」です。

②注意から意識へ

　ところで，「何か」を感じた時点では，すでにそれがどこにあってどんなものであるかが把握され，さらにそれに対してどう対処すべきかといった，脳内での対応が始まっています。脳科学では，注意によるニューロンの亢進から意識の現れにいたるまでの過程が，次のように描かれています。

　脳は，予想していなかった動きや大きな音，他の重要かもしれない刺激などを記録すると，感覚器をその方向へ向ける。例えば，突然動きがあった方へ眼球を回転させたりする。これは脳幹部のはたらきで自動的に起こり，その刺激自体は意識にのぼらない。しかし，注意はその刺激と関係のあるニューロンの活動も亢進させ，例えばその刺激が人であれば，その人が位置している空間をモニターしている視覚領域のニューロン活動が上昇する。さらに，顔を認識する領域，扁桃体，その人の意図を理解しようとする側頭頭頂野，その人に対してどう対処するかを決める補足運動野のニューロン活動も同様に亢進する。ニューロンがある一定値以上に興奮すると，意識が「現れてくる」のである。（カーターほか，2009/2012，p.181）

　脳は，その働きを統括する中央制御の仕組みをもたず，並列分散処理を行っていると言われています。注意は，刺激に関係するいくつものニューロンを活性化させ，活動が一定レベルに達したところで，意識が現れてくるのです。

　さらに，蜘蛛の巣状に広がる膨大な脳のネットワークの興奮は，それらがひとつに統合されることで，より高いレベルの意識が備わると考えられています。

　「膨大な情報量が，システムの構成部分がリンクされることで全体として初めて生み出されるようなシステムには，高いレベルの意識が備わる」ということだ。概念的な数式で表すと，〔意識レベル〕＝〔全体が生み出す情報量〕－〔部分が生み出す情報量の総和〕ということになる。（コッホ，2012/2014，pp.260-261）

　この考え方は統合情報理論と呼ばれていて，意識がどのようにして脳から生じてくるのかを解き明かそうとする意識研究のなかで，いまもっとも注目されている理論のひとつです。<u>部分の総和を，統合された全体の情報量が上回っているからこそ，私たちに意識が備わっているのです。</u>

③共同注意

　話を「現実性の個体化」に戻しましょう。関連して取り上げておきたいのが，

「共同注意」です。第7章でも取り上げた「共同注意」ですが,「共同」しているものは何なのか,改めて考えてみます。河本さんからの引用です。

　共同注意の基本は,何かへと向かうことの共有であり,向かう動作の共有である。注意が実践能力（行為能力）であるため,現実の個体化を共遂行する場面で,共同注意が働く。親と幼児とでは,注意が働いた後に,そこで何を知覚するかは当然異なっている。そのため両者は認知対象を共有しているのではなく,現実の個体化そのものを部分的に共有しているのだ。また注意には,情動・感情が密接に連動していることも多いと予想される。(河本, 2014, p.152)

「共同注意」は,認知している対象の共有ではなく,何かに向かうことの共有,現実（性）の個体化そのものの共有です。そういうことでは,共同注意こそいたって実践的な行為であり,子どもは,他者によって新たな現実（性）の個体化へと導かれ,経験の可動域を拡張させるのです。

　最後のところ,「注意には,情動・感情が密接に連動していることも多いと予想される。」の部分もたいへん重要です。共同注意が成立している場面では,ともに対象とかかわりながら,そこに浸透する情動や感情が共有されています。第7章では,それを「相貌・表情」と言いました。いっしょに楽しんだり,心地よくなったり,ときには怖がったりもします。子どもの育ちには欠かせない経験です。

（2）注意の分散と焦点的注意

①注意の分散

　次の話題は「注意の分散」です。これが不得手なのも,障がいのある子どもが経験の可動域を広げられずにいる一因です。

　なにごとかを遂行するには,数ある刺激のなかから特定のことがらに選択的な注意を向ける必要があります。むやみに気が散ることなく上手に集中すること,それが選択的注意です。

　反対に,選択が過剰であると,世界とのかかわりは限定されます。自閉症の子どもでは,「過剰選択」という特性がよく言われてきました。何かに従事し

ているときに周りから声をかけられても、まったく気づいていないのです。注意の分散ができないために、いま見ているものしか見えず、いましていることしか経験できずにいます。「注意の分散は、経験の可動域を拡張するためには最も重要な回路の一つである」(河本, 2014, p.73) のです。

②認知的代償行為と焦点的注意

　もうひとつ取り上げておきたいのが、「焦点的注意」です。世界とじっくりかかわりながら、みずからの経験を作動させ、組織化する行為です。焦点的注意をめぐって河本さんは、たいへん示唆に富んだ記述をしています。

　リハビリの現場では、すでに回復した能力をもちいて動作を行なってしまう代償行動がしばしば起こる。…(中略)…実は、認知の場面でも、「認知的代償行為」は広汎に行なわれていると考えた方がよい。筋違いの認知、問いを誤解した認知は、ただちに起動されてしまうのではないかと考えられる。作品をわかった気になってしまったり、意味や主題だけを理解してしまい、作品とのかかわりで自分の経験を作動させ、組織化できなくなっているのではないかという思いがある。これらは観点の問題だというわけにはいかない。認知的代償行為が起動して作品にうまくかかわれなくなっているのだとすると、見方を変えるのではなく、経験の仕方そのものを変える必要が生じる。つまり焦点的注意は何かをよく見ることではなく、焦点化のさなかで隙間を開くように、理解の速度を遅くすることでもある。(河本, 2014, p.74)

　ポイントを整理します。

　①認知的代償行為とは、たとえば文学作品を前に、「意味や主題だけを理解」してしまうことであり、「作品をわかった気になってしまう」ことです。それゆえ、「作品とのかかわりで自分の経験を作動させ、組織化する」ことができなくなっているのです。

　②代償行為を解除するには、別の視点から見直すのでは足りず、「経験の仕方を変える」必要があります。

　③その際、理解のためにかける時間を、「隙間」を開くように広げることで、「理解の速度を遅く」します。早とちりを回避するのです。

　AD/HD (注意欠如/多動性障害) の子どもは、まさに「理解の速度」を遅ら

せてあげなくてはいけません。しかし，それ以上に気になるのは，この時代，かえって定常発達の子どもに，理解の速度を上げることばかりを求めていることです。河本さんは，次のように警告を発しています。

　注意の範囲が広がるようにエクササイズを繰り返し積むことは，経験の境界，経験の可動域を拡張することである。ところが多くの学習は，成功の保証されたエクササイズを積み上げるように仕向けられている。成功すべき課題が与えられているのである。…（中略）…正解とは成功した後に理由づけを行なってはじめて成立するものである。そのためあらかじめ正解を求めるような手順は，本に書いてあることを現実のすべてだと取り違えるような勘違いなのである。（河本，2014，p.71）

　正解に向けた手順の強調は，認知的代償行為を助長し，世界とのかかわりを制限してしまいます。それでは，オートポイエーシスの理論構想が想定するような，「経験の境界，経験の可動域を拡張すること」を，子どもに保証してあげられません。

　保育や教育の仕事は，子どもに「創発」をもたらすことを目指してきたはずです。創発とはもともと，「ミクロレベルの複雑系において，平衡からはほど遠い状態（無作為の事象が増幅される）で，自己組織化（創造的かつ自然発生的な順応志向のふるまい）が行なわれた結果，それまで存在しなかった新しい性質を持つ構造が出現し，マクロレベルで新しい秩序が形成されること」（ガザニガ，2011/2014，p.155）だとされます。自己組織化によってレベルの異なる相（局面）に移行し，新たな相ではそれまで存在しなかった新しい構造と秩序ができるのです。しかも，「新たに出現した性質は部分の総和以上」になりうるといわれます（ガザニガ，2011/2014，p.156）。子どもが育つというのは，こうした，いわば劇的な相転移（第10章1節参照）を含んだ事象です。

　ゆっくりとした速度で世界とかかわると，やがて経験の仕方に何らかの変化が生じます。同じ対象に繰り返し接触するうちに，私たちの何かが変わっています。もはや前の状態に戻ることのできない変化です。おそらくこのとき，焦点的注意のエクササイズがなされているのでしょう。

3　行為としての記憶

(1) 潜在的な関与

　私たちの日々の営みには，行為としての記憶が，つねに潜在的に関与しています。

　たとえば登録は，単なる書き込みではありません。前章3節にも述べたように，登録がなされるときには，すでに選択性や再配置のような働きが生じていて，記憶は行為として遂行されています。

　また，想起にあたっては，「記憶し想起すれば，まさにそのことによって経験内容は再組織化され変貌していく」（河本，2014, p.164）といいます。障がいのカミングアウトが話題になることがありますが，それは，<u>障がいに関係する説明概念を使って，代償的に自分の履歴を語る，あるいは語りすぎる危険性</u>をはらんでいます。特定の主題に沿ってみずからの来歴を想起することは，<u>しばしば経験内容を代償的なバイアスのかかったものに変容させてしまうのです</u>。

　たしかに，もやもやした思いに言語的な表現をあたえることは，人の気分を整えます。しかしそれもいきすぎると，言語によって代償的に作り替えられてしまった経験内容が，ありうる自己組織化を妨げ，その人が本当は望んでいたかもしれないことを取り逃がしてしまうのではないかと，私は心配しています。

(2) 記憶の再編
①時間軸と言語

　私たちは，記憶がはじめから時間軸上に配列されているかのように思っていますが，そうではありません。時間軸は，もともとは断片である想起像を安定させ，また再編するときの手がかりなのです。

　想起像は，本性的につねに断片である。この断片は，配置をあたえることで想起像として安定する。時間軸は，こうした配置のための一つの変数に留まるのである。記憶は時間軸上にあるのではない。時間軸が記憶の再編のための手がかりとなる外

的指標なのである。(河本, 2014, p. 188)

　一方, 再編にあたってもうひとつ重要な働きをするのが言語です。物語化による再編です。

　語ることは, 経験の別様の再編であり, それは「知る」というような事態ではなく, 遂行的経験であり, 行為である。多くの場合には, 強烈な断片となった心的印象を脈絡のなかに置き, エピソード化し, さらには物語的なつながりを形成させて, 記憶されているもののネットワークを再編する。(河本, 2014, p. 216)

　断片としてある心的印象は, 「記憶されているもののネットワーク」のなかに位置づけられてはじめて安定します。しかし, 障がいがあることで, それがうまくいっていない事例があります。

②不安定な想起像

　とりわけ発達障がいのある子どもでは, 想起像の時間軸への配置, そして言語による物語化が困難なため, 記憶の組織化にさまざまな問題が起きていることが予想されます。考えつくだけでも, ①時間軸上に配置されない想起像の断片が不安定なままある, ②言語が使えないため, 記憶されていることからのネットワークを再編するのが困難である, ③再編がなされないまま, 想起像が無作為的に, ときには繰り返し思い起こされてしまう, といったことがありえます。

　実際に, こうした問題をそっくり抱えているのが, 重い自閉症の子どもです。

　先日, 研究室を訪ねてきた小学生の陽君は, つねにファンタジーに耽っているかのようでした。ホワイトボードが視界に入るや, それを部屋の中央に移し, 何やらつぶやき始めます。学校での一場面を思い浮かべたのでしょうか。

　近くでようすを見ながら, 私は陽君の口まねを続けていました。すこしして, それに気づいた陽君は, 「アー, オー」などと声を出し, 私にまねるよう求めてきます。

　その後, なにかのはずみで陽君が「ショーン」と言い出し, 私がそれをまねたときのことでした。いきなり, そばにいた父親の額をぽんと叩き, 「ナニ・ショーン」と言って笑いこけるのです。しばらくは, ツボにはまったかのように「ナニ・ショーン」と繰り返しては, 床に転がっていました。

　想像するに, どこかで誰かがぽかりと叩かれ, その人が「なにしょん」(岡

山弁で「何をするんだ！」くらいの意味）と言い返したときの光景が，よほど印象的な断片として残っていたのだと思います。

　陽君は，ほぼ一日中，フラッシュバックに見舞われて生活しているように見えます。フラッシュバックというと，ふつう，不快な場面がよみがえってくることだと思われがちですが，陽君においては，愉快な出来事もたびたび，記憶の断片となって想起されるようでした。とはいえ，いま目の前で起こっていることがらへの関与はとても薄いのです。

（3）忘却による組織化

　「忘却とは，ただ忘れることではなく生命の能力を最大限に発揮できるような組織化の仕方のこと」（河本，2014, pp. 168-169）だといいます。「生命の能力を最大限に発揮できる」と聞くといささかオーバーな気がしますが，障がいのある子どもは，「忘却による組織化」がうまくいかず，日々困っています。

　発達障がいのある子どもに，ワーキングメモリー（作業の遂行のために，情報を一時的に保管しておく記憶の働き。作業記憶・作動記憶ともよばれる）の障がいがあることはよく知られています。新たな行為や動作を習得する際には，それまで遂行させていた行為や動作の単位を，別のものに切り替える必要があります。この子たちがつまずくのは，しばしばそういった局面なのですが，これには発達障がいの子どもに特有の理由があります。そのひとつとして挙げられるのが，「忘却」の失敗です。機械的に習得したやり方を繰り返してしまうことによって，自然に忘れ，それを選択しないということができずにいます。河本さんの解説です。

　　行為や動作の継続のうちに，そのつど別の選択が生じる場面がある。それらの選択の出現するところで，行為や動作に区切りが生じる。それが行為や動作の要素単位である。100を超えて8つずつ進むように切り替えるさいには，手順が少し変更されるだけである。ところが102から順に6ずつ小さくしていく課題では，異なるオペレーションを行なわなければならず，区切りが変わるだけではなく，オペレーションそのものが変更されている。こうした要素単位の繰り返しは，機械的な反復を支えるだけではなく，選択性のある分岐点でそれ以前の行為を選択的に放棄できてい

なければならない。そうすると，学習障害でのワーキング・メモリの障害には，要素単位の形成の障害，選択的制御の障害，すでに機械的に実行できていることを放棄することの障害，あらたに起動されたオペレーションを選択的ネットワークに組み込むことの障害，選択的ネットワークの再編の障害等々があることがわかる。(河本，2014，pp. 222-223)

　私たちでも，ひとたび定着したオペレーションをほかのものと取り替えるのは，とても難しいのです。<u>このとき必要なのは，自然に忘れることです。一定期間そこから遠ざかる，あるいはすこし「寝かせる」ことで，かつて困難だったことがやすやすと解決する場合があります。忘れることで，何かがほどかれるのです。</u>

(4) 感触の想起，情動の想起
①感触の想起
　「行為と連動する記憶の基本は，感触の記憶であり，それは表象の想起の手前で，あるいは表象の想起とともに，行為の組織化に直接寄与している。」(河本，2014，p. 161) といいます。「感触の記憶」については前章3節でも取り上げましたが，簡単におさらいします。
　まず，「表象の想起の手前で」というのがどういうことか，以下の例で説明します。
　あらゆる経験には，つねに記憶がともなっている。美術館で展示を見たとき，それが初めて見た絵なのか，あるいは前にもどこかで見たことがあるという感触は，そのつどつねにともなっている。見たものが何であるか（知覚）とともに，再認（もしくは初認）の感触は紛れもないものである。(河本，2014，p. 160)
　ものを見るときには，記憶が潜在的に働いています。何度か見たものには「見たことがある」感触があり，初めて見るものにはそういった感触がありません。「知覚的な像に対しては，再認，初認の区別は潜在的にはつねに働き，知覚が純粋に現在の知覚であったことは一度もない。」(河本，2014，p. 169) のです。
　もうひとつ，「表象の想起とともに」生じる感触の記憶です。河本さんは，

走り高跳びの例を挙げています。

> 走り高跳びの選手が，助走開始時に，踏切やバーを越える体勢についてイメージ・トレーニングを行なっていることがある。このとき何をイメージしているのだろうか。踏切を行なうさいの像ではない。自分の踏切写真を見てそれに合わせて踏み切ろうとしているとは考えにくい。だが何かをイメージとして想起している。多くの場合には，踏み切るさいの動作の感触を想起していると思える。その感触が距離をもって捉えられるとき，ほとんどの場合像的なイメージをともなっている。このイメージは，表象像ではない。しかしなにかが感触をともないそれとして想起されている。(河本，2014，pp. 166-167)

身体で感じる，成功の感触といったらいいでしょうか。それは，輪郭のある像イメージを伴いつつ，これから遂行される身体行為を誘導しています。

②情動の想起

感触の想起は，行為を誘導します。しかし，それだけでは，行為は駆動しないと思います。必要なのは，情動の想起です。唐突に感じられるかもしれないので，順にお話しします。はじめに，ここでいう情動とはどのようなことか，河本さんからの引用です。

> 情動は，直接現れることはない。悲しみや愛しさが，物のように眼前に現われることはない。だがそれは紛れもない現実である。現われには，情動がともなうことがあり，そこには必然性はないが，にもかかわらず見かけ上密接に連動している。情動は，現われに「浸透」する。(河本，2014，pp. 196-197)

情動は，風景や出来事など，私たちの目の前に展開するさまざまな現れに浸透しています。現れには，多くの場合，情動が伴っているのです。

次に，この情動が想起されるということを考えます。

> 楽しかった場面の楽しさを思い起こそうとすることはあるが，それは再度楽しさに浸され，再度いま楽しくなることであって，過去の楽しさを思い起こすことではない。過去の楽しさを思い起こすことなく，現にまた楽しくなるのであり，それは何度でも類似した楽しさを経験することである。不安や恐怖も，同じように過去の不安や恐怖を思い起こしているのではなく，再度いま不安になりいま恐れているのである。(河本，2014，p. 199)

「過去の楽しさを思い起こすことなく，現にまた楽しくなる」のが，情動の

想起です。「何度でも類似した楽しさを経験すること」が，笑いのツボにはまった陽君のフラッシュバック経験でした。

　想起された情動は，像イメージを伴いながら，周りの人を巻き込んだ遊びに発展しました。情動の想起が，行為を誘発したのです。楽しいことを，またしたくなってしまうときに，行為は駆動します。

③「あっ，あれか」の想起

　活動に参加できず，固まってしまいがちな子どもがいます。スケジュールカードを見せたところで動いてくれません。

　こんなとき，「カードを見る認知機能が弱い」「カードの意味が理解できない」，あるいは「想像力が弱いので，カードを見てもその場面が浮かばない」などと，安易な評価をしないでほしいのです。おそらくこの子には，認知の訓練をしても，カードの意味を説明しても，あまり効果がないでしょう。

　端的にいいます。「感触の想起」と「情動の想起」なしに，子どもは動きません。

　月に数回，私は保育園でリトミックをしています。はりきって来てくれる子どもは，以前やった動きの感触を覚えていると同時に，動いて楽しかったときの情動が，活動場面に浸透するように記憶されているのだと思います。その情動が想起されることで，再度いま楽しくなるのです。

　予定を伝えられたり，カードを示されたりしても，「あっ，あれか」と子どもが思って（動く感触の想起＋楽しい情動の想起），いまが再び楽しくならなければ，行為は駆動しません。反対に，それさえあれば，子どもは動きます。子どもに提供してあげたいのは，認知や想像力の訓練ではなく，「あっ，あれか」と想起したくなるような「楽しい活動」です。

まとめ

　本章では，「認知行為」を代表する「注意」と「記憶」を取り上げました。私たちは，周囲のものごとを認識するのに先だって，「注意」や「記憶」の働きによって，世界とかかわってしまっています。「注意」は，対象を知ること以前に，その

場の「現実」を成立させています。半側空間無視の事例（第9章3節）でも，同じことをお話ししました。「記憶」も，「主体性」や「自己意識」が関与しないところで，世界とのかかわりを組織化しています。いま見ている世界は，過去にも同様のものを見たことがあるという「記憶」に支えられて成立しています。私たちは，純粋な「現在」を見ているわけではないのです。また，ある行為を駆動するときは，その行為の感触とともに，そこに浸透する情動が想起されています。ここでも，「記憶」が世界とのかかわりを支えています。

　障がいのある子どもは，しばしば，こういった「認知行為」に不具合を生じさせています。それを「主体的に」解決しなさいといわれても，子どもはやりようがないと思うのです。

〈第Ⅲ部　引用文献〉
カーター，R. ほか　養老孟司(監訳)　2009/2012　ブレインブック——見える脳　南江堂
福岡伸一　2009　動的平衡　木楽社
ガザニガ，M.S.　藤井留美(訳)　2011/2014　〈わたし〉はどこにあるのか——ガザニガ脳科学講義　紀伊國屋書店
人見眞理　2012　発達とは何か——リハビリの臨床と現象学　青土社
河本英夫　2002　システム（体系）　永井均・中島義道・小林康夫・河本英夫・大澤真幸・山本ひろ子・中島隆博(編)　事典 哲学の木　講談社　pp.441-444.
河本英夫　2006　システム現象学——オートポイエーシスの第四領域　新曜社
河本英夫　2007　哲学，脳を揺さぶる——オートポイエーシスの練習問題　日経BP社
河本英夫　2010　臨床するオートポイエーシス——体験的世界の変容と再生　青土社
河本英夫　2014　損傷したシステムはいかに創発・再生するか——オートポイエーシスの第五領域　新曜社
コッホ，C.　土谷尚嗣・小畑史哉(訳)　2012/2014　意識をめぐる冒険　岩波書店
熊谷晋一郎　2009　リハビリの夜　医学書院
ルーマン，N.　佐藤勉(監訳)　1984/1993　社会システム理論　上巻　恒星社厚生閣
日本リハビリテーション医学会　2009　脳性麻痺リハビリテーションガイドライン　医学書院
日本リハビリテーション医学会　2014　脳性麻痺リハビリテーションガイドライン　第2版　医学書院
山田規畝子　2013　高次脳機能障害者の世界　私の思うリハビリや暮らしのこと　改訂第2版　協同医書出版社

　　　　　　　　あ と が き

　「困り感」の先，を考えたかった。季刊誌『発達』（ミネルヴァ書房）12回分の連載をまとめる作業を終えるころになって，ようやく見えてきた本書の主題です。
　「困り感」の続きは，以前から構想していました。「困り感」を解消して「安心感」をもたらし，自信をもって生きるための「イケテル感」を子どもに抱かせたいという願いがありました。「困り感」→「安心感」→「イケテル感」というシナリオです。キャッチコピーとしてはよかったのですが，いささか表面的すぎる気がしました。
　そうこうするうちに，「困り感」という言葉は，あちこちでふつうに使われるようになりました。「私たちが困っているときは，子どもの方がよほど困っている」ということに，多くの指導者たちが気づいてくれたのです。それだけでも，たくさんの子どもが救われました。
　もちろん，「困り感」を知るだけでは，子どものすべてをわかったことになりません。困っていることばかりでなく，その子が望んでいることにも目を向けてあげなくてはいけないと思いました。たしかにそうなのですが，それでもなお，「わかっていることしかわからない」のではないかという感覚が残りました。
　子どもが抱える問題についてもっと考えてみたくなり，連載を書きました。回を追うごとに，構想が変わりました。正確に言うと，変化したのは構想ではなく，私自身です。現象学，自己組織化理論，そして脳科学と，大量の書籍を繰り返し読みました。はじめて知ったこと，気づいたことがたくさんありました。そういう意味では，この本は，私の研究ノートのようなものです。以下，内容をざっと振り返ります。

第Ⅰ部では，実践障がい学の構想を示すとともに，その方法論について論じました。
　障がいにかかわる問題は，専門家内部における閉じた議論にとどめてしまわずに，市民を巻き込んだ「トランスサイエンス・コミュニケーション」によって，社会全体で解決していくことが望まれます。人々が実りある対話を進めるためには，質の高い材料が必要です。第1章では，その材料としてどういったものが求められるのかを，「冷静さ」と「繊細さ」という二つの側面から検討しました。冷静さとは，してきたことを冷静に振り返りながら，「対話のための実証データ」を提示することです。実証データとしては，成功事例もですが，そうでないネガティブデータも重要です。というのも，誤った診断や効果が疑わしい訓練などによって，不要な負担を強いられてきた子どもや家族が少なくなかったからです。もう一方の繊細さは，「対話のためのテクスト」を作成することです。実証的な研究では捉えきれない子どもの育ちやそれを支える実践の機微に，繊細な言葉をもたらします。実践障がい学は，主に後者，「対話のためのテクスト」を作成することに重きをおいて構想されました。
　第2章と第3章は，方法論の話です。
　第2章のテーマは，方法論にかかわる考え方です。方法論は，研究対象によって決まります。それゆえ，明確にしておかなくてはならないのが，実践障がい学が扱う対象です。二つ，挙げました。一つは，子どもが抱く「困り感」です。私たちが気づいてあげなくてはいけない子どもの「困り感」は，まだたくさんあります。もう一つは，「困り感」という視線が向かわないところにある，子どもの障がいをめぐる問題です。これまであまり取り沙汰されることのなかった領域で，この子たちはさまざまな問題を抱えています。
　それらを「対話のためのテクスト」として描こうとしたとき，もっとも適した方法を現象学に見いだしました。現象学とは，「私と世界とのかかわりの構造」を探究する哲学です。第3章では，従来の質的研究がはらむ問題点を指摘しつつ，実践障がい学の方法論を支える柱として，「現象学的記述」と「身体性」とを提示しました。現象学的記述とは，「私の意識に現れる経験」を，て

あとがき

いねいに記述することです。ここで問題になるのは，私たちがほしい「子どもの意識に現れる経験」に向けて，「私の意識に現れる経験」から，どうやってアプローチするかでした。それを解決するために持ち込んだのが「身体性」という考え方です。実践する身体を携えた研究者／実践者は，指導の場に臨んだとき，子どもといっしょにひとつの経験を創造します。それは，指導者である「私」の経験と子どもの経験との結び目になっていて，そこから「子どもの意識に現れる経験」を取り出そうとしたのです。それを可能にするのが，みずからの身体を子どもの身体に重ね合わせて指導する，研究者／実践者の「身体性」です。

第Ⅱ部の各章では，現象学的記述のいくつかを示しました。現象学は，おとながすでに完成させている意識の構造について，精緻な分析の成果を蓄積しています。それらを傍らに，障がいのある子どもの世界経験を記述しました。

第4章では，音の連なりに向かう意識を分析する，フッサールの内的時間論に導かれながら，重い障がいのある子どもに自我が育ち始める過程を記述しました。連続する音を聞くとき，私たちは，先行する音を記憶していて（過去把持），いま聞こえた音とそれを合致させることで，一連の音に「意味」を見いだします。ここでは，「匿名的先自我」が受動的ながらかかわっていて，やがてそれが自己意識をもつ「自我」へと発展するのでした。ところが，重い障がいのある子どもの場合，過去把持する「身体」が整っていないために，外界から意味を獲得するのが困難なのでした。

第5章では，そういうこの子たちの「身体」について，主題的に取り上げました。ワロンによれば，身体は，外界からの働きかけに対して，それを受け取る「姿勢」をかたちづくります。その心的表現である「情動」には，他者に向けた強い伝染性があります。重い障がいのある子どもに情動が現れると，指導者には，それがおのずと伝わります。伝わると同時に，すでに指導者は情動的に応答していて，今度はそれが子どもに伝染していきます。おそらくこのとき，子どもはそこに他者を感じ，自我を芽生えさせるのだと思います。

第6章では，メルロ゠ポンティの身体論を取り上げました。身体が触れるものであるとともに，触れられるものであるという両義性の哲学です。それに着想を得て，子どもの身体上で主客関係が生じ，やがてそれが外界との主客関係をかたちづくることになるという議論を展開しました。反転を繰り返しながら成立する主客関係の背景には，そもそもそういった関係が生じる素地，あるいは生地のようなものを想定できます。それが折りたたまれることで主と客とが分離するのですが，その折り目にあたるところには，感覚の密度が高まる領域ができます。そこが，自我の育つ培養土になっているのではないかと，現象学的には直観されたのでした。

　第7章は，「相貌・表情」がテーマでした。私たちが世界とかかわるときには，すでに何らかの「意味」をそこに見てしまっています。意味の現れには，いわゆる共同注意が関与しているといわれますが，そもそも共同注意は，おとなと子どもが，ものごとに同じ「相貌・表情」を感じ取ることで成立します。「相貌・表情」は，意味の母胎なのです。自閉症の子どもは，周囲の人とは異なる「相貌・表情」を見ている可能性が高いと思われます。「相貌・表情」を共有することは，他者とのこころの交流を成立させていて，それが子どもの発達の後ろ盾になっています。そこに問題を抱える自閉症の子たちは，世界のなかで宙づりにされている気がします。

　第Ⅱ部の最後，第8章の題材は，永井均さんの〈私〉の哲学と，木村敏さんの「もの」「こと」の哲学でした。永井さんは，独在的なあり方をしている〈私〉，そして同じく独在的なあり方をしている〈今〉を考えます。他方，「いま」という現実性は，世界が「こと」として意識に現れているとき─それは対象が「相貌・表情」を帯びているときともいえますが─そこに私が立ち会うことによって成立するというのが，木村さんの話でした。不安定な現実性を生きる重い自閉症の子どもに，独在的な〈私〉と〈今〉がいかに住まうのかを考えました。

　ところで，人の意識は，その現れが結果として知られる以前に，それをはる

あとがき

かに超える領野で成立しています。第Ⅲ部は、そこに踏み込みました。現象学的記述であることは第Ⅱ部と変わらないのですが、補助機構として、自己組織化およびオートポイエーシスの考え方を取り込みました。これまでの現象学的記述は、意識に現れた結果を記述することに終始していましたが、第Ⅲ部では、いまだ意識に現れていない、新たな経験の回路を見いだそうとしました。

　第9章では、システム論としての自己組織化、そしてオートポイエーシスの理論構想を紹介しました。自己組織化とは、「おのずと進行しつづける生成プロセスのネットワーク」です。外部観察的にも記述は可能ですが、オートポイエーシスでは、「組織化を起こしているシステムそのものとしては、それがどういう事態であるのか」という問いを立てて探究します。半側空間無視の事例を通じてわかったのは、外部観察的に捉えていたのとまったく異なる事象が、システムとしては経験されていたことでした。

　また、「作動を継続しながら境界を形成していく、個体化のプロセス」というオートポイエーシスの理論構想に追随するなら、障がいをめぐる問いの立て直しが迫られます。「障がいがあるとは、どういうことか」という問いから、「障がいがあるとは、どのようになりうることか」という問いへの変更です。第10章では、新たな問いを、損傷したシステムからの組織化という事態に向けました。重い脳性麻痺の子どものリハビリ場面から取り出したのは、身体の変形とランディング・サイト喪失という事象でした。最新の脳科学やオートポイエーシスの構想を道具立てとして用いることで、いずれの事象についても、より説得力のある記述ができました。

　第11章では、動作の創発を取り上げました。創発は、自己組織化のなかでも主要なテーマの一つです。脳性麻痺のリハビリでは、固有の動作システムに合わせて、「そのつどの」動きを練習させていきます。実際のリハビリ場面では、理論として体系づけられることのない、いわば指導者の熟練技が駆使されていますが、そこには、子どもが動作を創発する仕組みを解明するヒントが多数あります。創発の鍵は、「感触と気づき」「動作の区切りと記憶」、そして「二重作動」でした。

最終章では、「認知行為」に焦点をあてて、障がいのある子どもの自己組織化を考えました。認知が成立しているときというのは、必ずしも主体が関与しないところで、すでに世界とのかかわりを組織化するような一つの行為が起動しています。そういった事象を捉えて、「認知行為」という言葉を充てています。それを代表するものとして取り上げたのが、「注意」と「記憶」でした。「注意」は、私たちの現実を成立させています。また「記憶」は、私たちが知覚しているいまを支えるとともに、次にする行動を促しています。感触の記憶や情動の記憶を想起することなしに、人は動けません。障がいのある子どもは、「主体性」や「自己意識」が関与することのない、注意や記憶といった「認知行為」のレベルで不具合を生じさせているようなのです。

　「困り感」の先を考えていたら、こんなところに行き着きました。この言葉の射程を超える広大な領域には、障がいのある子たちに固有の問題が、未解決または未着手のままとり残されていました。こういうことを考えずにいたら、目の前にいる子どもを、もっと困らせてしまうところでした。

　最後になりますが、連載のきっかけをつくってくださるとともに、この本の編集を引き受けてくださった吉岡昌俊さんには、いつも温かい励ましの言葉をいただきました。また、丸山碧さんには、こみいった内容の連載原稿を毎回丁寧に読み込んでいただきました。お二人には、この場をお借りして、心からお礼申し上げます。

　　　2015年　立夏

　　　　　　　　　　　　　　　　　　　　　　　　　　　佐藤　曉

索　引

あ　行

アセスメント　11, 12
意識　62, 69, 122, 130, 135, 166, 168
意識緊張　149, 162, 163
意識に現れる経験　33, 35, 42
意識の構造　57
意識の志向性　33, 130
意識の働き　68
異常　34
位相空間　124
位相的自己　125
位置の指定　145
意味　60, 61, 67, 69, 90, 92-94, 96, 101
インタビュー　44
AD/HD（注意欠如／多動性障害）　170
エビデンス　7, 15, 154
オートポイエーシス　122-124, 126, 127, 129, 136, 140, 171

か　行

解釈学　21, 24
外部観察　126, 127
科学　39, 40
可逆性　78-80, 86, 87
学習課題　74
過去　24
過去把持　58-60, 63, 65, 67, 68, 70
過剰選択　169
合致　59, 60
構え　68, 73, 82, 99
カミングアウト　172
感覚　89, 90
感覚素材　59, 68-70
感覚的所与　90
感覚の濃度　88, 90
環境＝内＝存在　30, 31, 73

環境世界　69
関係の構造　33
感触　156, 161, 176
感触の記憶　175
感触の想起　177
記憶　159, 160, 167
気づき　156
起点　157, 158
機能解離　141
客観性　35
客観的身体　85
共感覚　87
共同化　39
共同注意　98, 99, 169
共同で創造する経験　43-46, 48
空虚　60, 65
区切り　157, 159
グラウンデッドセオリー　41
経験　11-13
経験の可動域　161, 162, 169
痙直　156
系譜学　22, 24
ゲシュタルト心理学　90
欠如モデル　5
欠損モデル　134
原印象　59
研究者／実践者　38, 42, 43, 45, 46, 49
言語　158
現実　112, 129-132, 134
現実感　110
現実性　157, 167
現実性の個体化　167, 168
現象学　32, 35, 40, 57, 121, 122
現象学的記述　32, 35, 46
現象的身体　85
行為　100, 132, 133, 136, 160, 161, 166, 172
考古学　23, 24

交差志向性　60
交叉点　45
拘縮　73
構成素　123-126
腰や下肢で踏ん張る　126, 146, 148
こと　107-110, 115
子どもの意識に現れる経験　49
困り感　20, 35

　　　　　　さ　行

再現性　7, 15, 35
再組織化　136, 172
産出的自己　123-125
GMs（general movements）　81, 143, 144
自我　61-63, 65-67, 74, 104
時間軸　172, 173
自己　104, 129
自己＝selbst　124
自己＝sich　123
自己維持　135
自己意識　65, 136
自己塑形的活動　71
自己組織化　126, 139, 143, 145, 155, 159, 161, 171, 172
自己組織化モデル　139
自己認識　136
姿勢　68-71, 73, 74, 99
姿勢管理　31, 73, 145
視線が向かわない領域　20
失行症　37
質的研究　41
指導　44-48
「指導」する「身体」　43, 45, 46
自閉症　113-115
周縁　19, 20
習慣　38
習慣としての身体　37
主観性　45
主客関係　80, 81, 88
熟練技　155

受動的志向性　61, 63, 65, 67
純粋記述　40
障がい特性　25
障がい文化　20
情緒の交流　98, 99, 101
焦点的注意　170, 171
情動　70, 71, 73, 74, 93
情動の想起　176, 177
触発　65, 67
触覚性現実　157
触覚のランディング・サイト　147
身体　36-39, 42, 65, 68-70
身体図式　37, 70
身体性　38, 46
信頼の危機　6
遂行的注意　167
隙間　156, 170
図地知覚　90
ストックフレーズ　10, 13
生活世界　12
正常化　154
精神分裂病（統合失調症）　34
正中線　132
世界経験　40-43, 45, 46, 58, 121, 124
世界＝内＝存在　31
繊細さ　6, 10, 15
全身屈曲優位　81
選択的注意　169
想起　160, 161, 172
相互覚起　61, 63
相互主観性　45
相転移　140, 171
創発　153, 163, 171
相貌・表情　94-101, 110, 112-115, 169
側彎（そくわん）　63, 64, 148
組織化　133, 136, 160

　　　　　　た　行

対話　6
対話のための実証的データ　6

索　引

対話のためのテクスト　6, 14, 15
抱き合わせ　87, 88
他者　23, 24, 74
他者支配　25
他者の介在　95
妥当性　39, 42, 44
ダブルタッチ　81
知覚　68
注意　129-131, 135, 167, 168
注意の分散　163, 169, 170
対化（ついか）　61, 63, 65
テクノクラート　10
デフ・コミュニティー　18
デュアルエクササイズ　162
伝染　74
伝染性　71
投企（企投）　30
統合情報理論　168
動的平衡システム　127
登録　160, 172
独在性　104
独在的　107, 113
匿名的先自我　65, 67, 74, 97
匿名の器官　80
トランスサイエンス　4, 5
トランスサイエンス・コミュニケーション
　　5, 6, 15

な　行

肉　80, 84, 86
二重作動　146, 162
認知　133, 166
認知行為　166, 167
認知的代償行為　170, 171
認知のランディング・サイト　146
脳科学　166, 168
脳性麻痺　8-10, 15, 25, 31, 61, 64, 66, 71, 83,
　　97, 141, 143, 144, 153-157, 160-162
能動的志向性　61, 64

は　行

ハイリスク　9
発達　25
発達科学　95
発達障がい　5, 9, 10, 24
半側空間無視　130, 132
被投存在　30
評価　47
表象　131, 175
フッサール　32, 35, 40, 61, 68, 69
普遍妥当性　6, 7, 15
フラッシュバック　174
文化　18
平衡反応　82, 83
並列分散処理　168
変形　73, 143-145
防衛　160
忘却　174
忘却による組織化　174
保存　160
本質　12-15
本質直観　35

ま　行

マイルストーン　128
まなざすことそのもののランディング・サイト
　　146
未来予持　60, 65
無時間　112
結び目　43, 47, 49
無相貌　101
無表情　101
メービウスの帯　78-80
メルロ＝ポンティ　33, 36, 37, 40, 77-79, 91
モーショニーズ（motionese）　95, 96
モデルパターン動作　155
もの　107-110, 115

189

や 行

要素　123
抑制　143, 145
抑制機構　143, 144
抑制的な制御機構　142

ら・わ 行

ランディング・サイト　100, 126, 145-148
ランディング・サイト喪失群　147
理解　11
離人・現実感喪失障害　110
離人症　110, 111
理性　38
リバーシブル　80, 84, 85, 87
リハビリテーション（リハビリ）　8, 140, 154-157
冷静さ　6, 7, 10, 15
連合　92-94
ろう文化　19
ろう文化宣言　18
ワーキングメモリー　174

《著者紹介》

佐藤　曉（さとう・さとる）
　筑波大学第二学群人間学類卒業
　筑波大学大学院修士課程教育研究科修了
　現　在　岡山大学学術研究院教育学域　教授　博士（学校教育学）
　主　著　『発達障害のある子の困り感に寄り添う支援』学習研究社，2004年
　　　　　『入門特別支援学級の学級づくりと授業づくり』学研教育出版，2012年
　　　　　『わが子に障がいがあると告げられたとき──親とその支援者へのメッセージ』
　　　　　岩崎学術出版社，2017年
　　　　　『対話と協力を生み出す協同学習──一人ひとりをケアする授業づくり』創元社，2024年
　　　　　他多数

　　　　　　　　　　　　　　障がいのある子の保育・教育のための
　　　　　　　　　　　　　　　　　実践障がい学

2015年10月10日　初版第1刷発行	〈検印省略〉
2025年 1月30日　初版第3刷発行	
	定価はカバーに
	表示しています

　　　　　　　　　著　者　　佐　藤　　　曉
　　　　　　　　　発行者　　杉　田　啓　三
　　　　　　　　　印刷者　　田　中　雅　博

　　　　　　　　　発行所　株式会社　ミネルヴァ書房
　　　　　　　　　　607-8494　京都市山科区日ノ岡堤谷町1
　　　　　　　　　　　　電話代表　(075)581-5191
　　　　　　　　　　　　振替口座　01020-0-8076

　　　©佐藤曉，2015　　　　副栄図書印刷・吉田三誠堂製本

　　　　　　　　ISBN978-4-623-07465-5
　　　　　　　　　　Printed in Japan

私と他者と語りの世界――精神の生態学へ向けて
浜田寿美男／著

A5判／276頁
本体 2500円

〈子どもという自然〉と出会う
　　――この時代と発達をめぐる折々の記
浜田寿美男／著

四六判／220頁
本体 2000円

身体・自我・社会
　　――子どものうけとる世界と子どもの働きかける世界
H. ワロン／著　浜田寿美男／訳編

四六判／276頁
本体 2500円

［新装版］知能の誕生
J. ピアジェ／著　谷村　覚・浜田寿美男／訳

A5判／562頁
本体 8000円

関係性の発達臨床――子どもの〈問い〉の育ち
山上雅子・古田直樹・松尾友久／編著

A5判／242頁
本体 2500円

よくわかる臨床発達心理学　第4版
麻生　武・浜田寿美男／編

B5判／264頁
本体 2800円

発達科学の最前線
板倉昭二／編著

A5判／228頁
本体 2500円

よくわかる障害学
小川喜道・杉原昭博／編著

B5判／208頁
本体 2400円

季刊誌　**発達**
2・5・8・11月　各10日発売
B5判／120頁　本体 1500円
乳幼児期の子どもの発達や，それを支える営みについて，幅広い視点から最新の知見をお届け！
「障がいのある子の保育・教育のための教養講座――実践障がい学試論」（佐藤曉）ほか，好評連載中。

ミネルヴァ書房

https://www.minervashobo.co.jp/